互联网+文化创意类产业大学生创新创业教程

主 编 汤 敏 刘 星
副主编 石春林 陆墨娑 曾 恒

科 学 出 版 社
北 京

内容简介

在“双创”背景下，大学生创新创业是近年来高校管理、教育领域研究的重点。本书系统地论述“互联网+”时代背景下，大学生在文化创意类产业从事创新创业的理论及应用实践，详细地阐述文化创意类产业大学生的创业模式、人工智能对文化创意类产业的影响、大学生在文化创意领域创新创业的胜任力要求。本书共10章，主要内容包括大学生创新创业的时代背景与政策解读、文化创意类产业概述、人工智能对文化创意类产业的影响分析、文化创意类产业大学生创新创业胜任力现状及提升策略、大学生文化创意类产业创业模式概述、文化创意类产业大学生创业案例（案例共5章，即第六章至第十章）。

本书可供艺术类、传播类专业学生，从事文化创意类产业创新创业的学生及创业管理与服务的教师、研究人员等使用。

图书在版编目(CIP)数据

互联网+文化创意类产业大学生创新创业教程 / 汤敏，刘星主编. —北京：科学出版社，2018.7(2024.1 重印)

ISBN 978-7-03-057638-5

Ⅰ. ①互… Ⅱ. ①汤… ②刘… Ⅲ. ①大学生-创业-教材 Ⅳ. ①G647.38

中国版本图书馆 CIP 数据核字（2018）第 122272 号

责任编辑：张　展　陈丽华 / 责任校对：彭　映

责任印制：罗　科 / 封面设计：墨创文化

科学出版社出版

北京东黄城根北街16号

邮政编码：100717

http://www.sciencep.com

成都锦瑞印刷有限责任公司印刷

科学出版社发行　各地新华书店经销

*

2018年7月第　一　版　开本：B5（720×1000）

2024年1月第五次印刷　印张：10 1/2

字数：212 000

定价：49.00元

（如有印装质量问题，我社负责调换）

前　言

“互联网+”创业风潮持续高涨，2017年“人工智能”被写入《政府工作报告》，掀起了一轮创业热潮。与之形成有趣的呼应，新创业时代的大量优秀研究成果也应运而生，它们为高校开展科学的创业教育、实施高效的创业管理和服务、有效提高大学生创业者创业的胜任力提供了依据。

文化创意类产业以创意为核心，尤其是在移动互联网时代和当下的人工智能时代，在新理念、新技术的支持下，文化创意的内涵变得更加丰富，意义更为深远。充满蓬勃生机与活力的文化创意类产业，正从生产、研发与推广等各环节与区域经济、社会发展高度融合，助力传统经济转型升级，提升区域竞争优势。

在如火如荼的文化创意类产业发展浪潮中，地处西部盆地的成都，凭借深厚的文化底蕴，将悠久的历史文化与繁荣的现代文明交汇于新的创业背景下，提出《建设西部文创中心行动计划(2017—2022年)》。政府的大力支持、行业领域的迅速响应及浓厚的文化创意类产业创业氛围为大学生创业者提供了充分、有利的条件。

在本书的编写过程中，我们参考了文化创意类产业领域相关的大量优秀成果，获取“互联网+”、文化创意类产业的最新前沿资讯，特别是在与行业一线专业人士、文化创意类产业研究者、优秀的创作者进行深度对话后，我们关注到人工智能理念和技术对文化创意类产业的影响，并在此基础上分析该产业创业面临的机遇与挑战，以此为大学生创业者提供有益参考。

本书由汤敏、刘星担任主编，由石春林、陆墨妫、曾恒担任副主编。全书由汤敏、刘星、石春林进行整体框架和提纲设计，统稿并定稿。全书各章的主要编著者如下。前言：汤敏、刘星，第一章：曾恒，第二章：石春林，第三章：汤敏、刘星，第四章：郭沁，第五章：石春林、刘星，第六章：周元，第七章：陆墨妫，第八章：王成伟，第九章：曾恒，第十章：陆墨妫。

与其他创业类教材不同的是，本书采取“思维导图”的方式呈现每章的内容框架，便于读者快速阅读；以“微分享”的形式向读者展现与书中内容有密切联系的知识；在案例的编写过程中，加入与之相关的名人名言，以增加阅读的生动性。最后，在本书附录部分罗列出一些政府公开的产业发展相关政策，方便读者获取。本书认为这些微小但有趣的“创新”符合当下移动互联网用户快速、深度、全面获取资讯的需求。当然，由于编者水平有限，难免出现疏漏，欢迎读者提出宝贵的意见，可以通过邮件联系我们（石春林：psyscl@163.com）。

在全体编写人员的共同努力下，本书按期圆满完成了编写。这既是主动学习、思考，以改进我们所从事的研究工作的必要环节，又是与现实对话，对创业管理和教育实践进行优化的过程。其间，我们收获颇丰。在此，向所有参考文献资料的作者表示衷心的感谢！向为本书提供宝贵意见，并无私地与我们分享产业发展最前沿动向、提供政策文件资料的成都理工大学传播科学与艺术学院刘翼院长（国家一级导演）、田力副教授，成都理工大学产业园秦辉老师，成都市东郊文化创意聚集区马健伟先生、童浩先生、张玄先生，科学出版社陈丽华编辑表示由衷的谢意！向在编写过程中支持我们进行头脑风暴，给予我们诸多良好建议的刘晴朗、余梦铷、曹华麟、姜鑫表示感谢！此外，本书获得“成都理工大学‘十三五’本科规划教材项目”“成都理工大学中青年骨干教师培养计划”支持，我们对此表示深深的谢意！

目　　录

第一章　大学生创新创业的时代背景与政策解读

创业是一个系统工程，成功创业实属不易。对高校学生而言，创业通常面临资金、经验、环境等多方因素的制约，更有学业压力、时间精力投入等诸多现实挑战。然而，大学生创业是质量相对高的就业，是能够带动大学生就业的重要途径之一。创业能带动就业，国内外数据显示：一人创业平均会带动 3～5 人实现就业[1]。创业是大学生拓展兴趣、发挥聪明才智的有效途径。兴趣产生激情，引发动力，从而使人专注于事业，最大限度地发挥大学生的聪明才智。同时，创业能够培养大学生良好的心理品质和创业精神。创业需要面对风险、挫折等诸多未知因素，成功创业的过程能帮助他们增强自我效能、加强团队合作。在这个过程中，逐步提升创业者的能力、素质，完善知识结构，拓展眼界。因此，如何帮助、扶持大学生创业，特别是如何支持和引导一个具有高创造性、高知识素养的群体，高质量创业就此成为全社会关注的一个重大课题。

第一节　发展与变革的时代背景

一、当代大学生创业的起源

大学生创业最初盛行于美国。早在 20 世纪中期，美国的许多高校就兴起了创业热潮。当时，美国的高新技术产业正处于蓬勃发展的时期，所以许多高新技术企业如雨后春笋般产生。在这样的背景下，许多大学纷纷举办创业赛事激励学生的创业热情。例如，从20世纪80年代起，美国著名的得克萨斯大学、麻省理工学院、斯坦福大学等都先后举办“大学生创业计划竞赛”[2]，许多高科技创业公司在此期间应运而生，网景通信公司、雅虎等高科技知名企业都在良好的大学生创业氛围中成长起来[3, 4]。而在国内，大学生创业被认为起始于20世纪90年代，当时清华大学在校内举办了我国高等学府中的第一届“创业计划大赛”，激励邱虹云等学生团队投身于大学生创业。这为我国大学生创业热潮打下了良好的基础。随后，中国共产主义青年团、中国科学技术协会、中华全国学生联合会共同主办了“挑战杯”中国大学生创业计划大赛，在全国各地高校引起了很大的反响。此后，各地政府和高校实行允许休学创业、设立创业基金等诸多鼓励大学生创业的措施，促使大学生创业取得长足发展。

二、发达国家大学生创业的基本情况

美国作为大学生创业的先驱大国，一直在鼓励大学生创业的道路上不停探索。据美国大学技术管理协会提供的数据，1980～2000 年，由美国大学生及相关研究机构的专利衍生出的新企业达三千多家，2012 年的专利转化率达37%[5]。可见，美国大学生创业企业不仅数量庞大，创业质量也有较高水准。

英格兰高等教育基金管理委员会的相关数据显示：英国在 2007～2009 年，仅是由大学生创立并且持续发展的企业近4000家。在这些企业中，营业收入是它们所接受外部投资的 4.28 倍之多[6]。总体上看，近年来，由于计算机技术、高科技生物等产业的迅速发展，加上发达国家的政策、创业环境等条件比较完备，大学生创业企业拥有较为完善的服务体系，创业者的热情被极大地激发出来，大学校园创业之风盛行。相比而言，目前我国大学生创业发展还未成熟，适当地借鉴发达国家的大学生创新创业教育路径十分必要。

三、我国大学生创业存在的主要问题

创业不仅需要创业意愿，更需要不畏挫折、敢为人先、勇于面对风险的创业精神。传统文化更多地教会了我们要知足稳妥，这是国人的优秀品质，但作为新时代的普通民众也要有创新精神。即使是在当下，国家提倡“大众创业、万众创新”，仍有相当一部分毕业生在择业时更热衷于选择政府机关或事业单位等更为稳定的岗位。

相比欧美发达国家开展创业教育的系统性设计、引导在校大学生树立创新意识，以提高大学生创业胜任力的导向，目前我国高校开展的创新创业教育仍存在诸多不足，亟待解决。一方面，实施创业教育和服务的高校在认知与观念上还存在一定偏差。创业教育是大学生创业指导的一项重要内容，不应只停留在对创业的技巧、政策形势等方面的概述和分析上，对大学生的创业意识、精神及能力的培养才更为关键[7]。另一方面，许多高校的大学生创业教育是仅就创业本身而开展的，在一定程度上导致创业教育与人才培养形成差异。同时，部分校园开展创新创业教育的文化氛围不够浓厚，没能有力依托校园文化载体，缺少“文化育人”氛围的有效支撑，实施效果不明显。

近年来，在国家的大力推动下，大学生创新创业教育在我国不断得以推进和完善。大学生的创业热情和创业能力虽有所提高，但是，从创业类型和行业分布来看，我国大学生创业企业多分布在文化传媒、零售、餐饮等第三产业。这些行业和产业虽门槛较低、投入资金少、运营简单，但同质化程度很严重，可持续发展受限，尤其是规模化经营有相当大的难度。

四、知识经济时代给我国大学生创业带来的机遇

改革开放后，随着市场竞争机制的深入和完善，大众关于生存、生活的观念逐渐改变，通过知识改变命运的励志故事屡见不鲜。信息化时代背景不仅使科学技术的发展日新月异，还促进了“知识创业”观念的形成与传播，为大学生创业者提高创业质量提供了指引。随着“小世界”网络的兴起，互联网开始影响人际关系和社会结构变革。创业者价值观念的转变，知识与资本的融合，主客观环境、条件均为大学生创业者提供了机遇。对立志创业的高校大学生而言，创业的春天已经来临。

当下正值社会转型和竞争机制形成的关键时期，知识创业的观念正在逐渐形成。现在是知识经济社会，知识在生产力诸多要素中最为活跃，并且是最能够起到决定性作用的一个。在这样的大背景下，知识的力量被提到前所未有的高度。相比而言，具有较高知识素养的大学生在创业群体中更有优势。同时，社会逐渐对创业更为包容，这样良好的创业氛围为大学生提供了更好的创业条件[8]。

2002 年，教育部等部门发出《关于进一步深化普通高等学校毕业生就业制度改革有关问题的意见》，明确提出鼓励和支持普通高等学校毕业生自主创业[9]。近年来，教育部、劳动和社会保障部、人事部等相关部门相继出台了许多指导大学生灵活就业、鼓励其自主创业的政策，营造了良好的与大学生创业息息相关的政策、法律和商业环境[10]。与此同时，各地方政府积极响

应，如创建科技孵化园并鼓励高校大学生创业团队入驻；各高校也组织、举办大量的大学生创新创业赛事，增设创新创业指导机构，为大学生创业提供良好的校园环境和更广阔的平台，进一步增强了大学生的创业意识和创业热情。此外，许多社会风险投资机构也加入到大学生创业的支持行列之中，良好的创业政策和支持氛围为大学生创业提供了更多的信心与动力。

五、“互联网+”创新创业热潮

2014 年末，在首届世界互联网大会上，李克强指出，“互联网是大众创业、万众创新的新工具”。[11]随后，李克强在《政府工作报告》中提出了“互联网+”行动计划，“互联网+”由此成为各行业在新创业环境下发展的标杆和行动注解。“互联网+新技术”创造了新的行业和更加细分的市场。“互联网+”则成为我国当前新经济发展的重要趋势和方向，为大学生创新创业提供了更具活力的新航向。

“互联网+”是将互联网的创新理念和技术与传统行业有机地联系起来，从而创造出新经济形态的一种战略。互联网与传统行业的跨界融合将改变我们的生活，创造出崭新的发展生态。如今，“互联网+”已上升为国家战略，对社会经济发展的各方面均产生了重大影响。

随着新兴“互联网+”企业的不断涌现，市场对了解、掌握“互联网+”知识的人才需求日益增大。同时，在国家出台的各种政策鼓励下，相当一部分大学生在创业中也瞄准了“互联网+”项目。可喜的是，其中一部分先行者已经取得了成功。在“互联网+”的创新时代背景下，通过转型，使我国高校创新创业教育、管理和服务体系优化、重组和深度创新，在未来新型、开放的教育体系中找到准确定位和清晰的发展方向，具有十分深远的意义。

第二节　我国大学生创新创业的主要类型

随着全球经济社会的发展，全球创业活动十分活跃，大学生这个年轻且富有创造力的群体成为创业浪潮中的一部分。大学生创新创业在政府政策支持及学校创业教育服务的帮助下，逐渐发展并迈向成熟。研究大学生创新创业是一件必要且有意义的事，它能让我们从中全面了解大学生创新创业，从而为大学生的创业实践提供指导。

一、公益型项目

2009 年 2～11 月，清华大学举办了首届“北极光杯”公益创业实践赛。经过初赛、复赛、决赛的激烈角逐，评选了一批出色的公益创业项目。这是清华大学继 1998 年在国内大学校园率先开展“创业计划大赛”以来的又一次新举措。近年来，在“创青春”创业大赛中，公益型创业项目崭露头角，公益创业也成为大学生创业的新兴项目类型之一。

公益性创业大赛的宗旨是在实践中培养学生的社会责任感与担当精神。公益性创业项目不仅能使大学生实现自身价值，还能很好地回馈社会，是一种值得大力提倡的大学生创新创业项目。

二、专业型项目

2009 年，在上海海洋大学举办的“我来当老板”大学生创业大赛中，出现了多项专利发明和实用的高科技项目。例如，水产与生命学院学生攻克了用于海马养殖和幼马喂养的“海马观赏箱”制作的技术难关；食品学院学生在海马中提炼出食用肽，完成了“海马保健酒生产”项目；海洋生态与环境学院学生完成的“景观水质处理”项目等[12]。同样，还有很多大学生创新创业，他们都结合自己所学专业，发挥专业特色优势，开发了高质量、高水平的创业项目。

同时，大学生们深入生活当中，去观察、发现需要解决或优化的问题，再将其抽象、提炼成专业问题，运用专业知识寻找出答案之后，带到生活中去体验。整个大赛期间，他们完整地提出并解决了一个个现实问题，还有许多贴近生活的发明和创造。他们切实地关注社会民生和热点问题，项目虽小，却意义深远，不仅可在运用市场产生较高的经济价值，也“以小见大”地增强了青年大学生的社会使命感。这种既具有科技含量又具有实际应用价值的项目，的确能给大学生创业者带来很大的挑战，为毕业后从事创业的大学生提供了宝贵的实操经验和体会。通过大赛，许多大学生开始重新思考所学专业的应用价值和自身定位间的关系。

三、生存型项目

初创企业的第一要务是生存。对资源积累较少的大学生创业者和团队而言，生存的压力更为迫切，创业现实的需求促使多数大学生创业者和团队在选择创业项目时倾向于传统项目类型。2009 年，在上海市大学生科技创业基金会组织评审的大学生创业项目中，非科技类的项目居多。大赛中学生开服装店、经营传统小吃、在网络平台创业、出售创意饰品等项目占大部分，此类现象反映出近年来大学生创业项目创新性不足的问题，高质量、可持续发展是这类项目成长的瓶颈。当然，此类项目也给大学生创业者提供了实战锻炼的机会，让具有创业意愿的大学生在兼顾学业的同时，充分认识自身是否适合创业。

第三节　我国政府推动大学生创新创业的政策解读

知识经济时代以数字化经济、信息经济、网络经济为特征，其中知识作为最重要的资源，在满足市场需求中发挥的作用越来越大。这种以人力资源为基本要素，以人的脑力发挥作用为主要经济增长来源的经济结构，成了大学生创业的最佳平台。政府为了推动大学生创新创业，在多方面的政策上给予大学生帮扶与便利，给大学生自主创新创业提供了发展机遇。

一、不断完善的法律环境

从 20 世纪 90 年代开始，政府相继颁布或修订了多项法律法规，如《中华人民共和国合伙企业法》《中华人民共和国公司法》《中华人民共和国个人独资企业法》等。随着《中华人民共和国个人独资企业法》的出台，企业的主体法律已经日趋完备，这意味着中国的个人自主创业将有更加宽松的环境和更加优惠的政策[13]。2003 年 1 月，我国正式实施了《中华人民共和国中小企业促进法》，从资金支持、创业扶持、技术创新、市场开拓、社会服务等方面使创业者的经营环境得到了进一步的改善[14]。2008 年 1 月，《中华人民共和国就业促进法》中明确规定了政府在促进就业中的重要职责，即“国家倡导劳动者树立正确的择业观念，提高就业能力和创业能力，鼓励劳动者自主创业、

自谋职业。各级人民政府和有关部门应该简化程序，提高效率，为劳动者自主创业、自谋职业提供便利。”[2, 15]

与大众创业获得政府积极支持类似，大学生自主创业引起了国家的高度重视，政府在许多方面都提供了各项支持[16]。2002 年 3 月，国务院办公厅转发教育部等部门《关于进一步深化普通高等学校毕业生就业制度改革有关问题的意见》(国办发〔2002〕19 号)中明确规定：“鼓励和支持高校毕业生自主创业，工商和税收部门要简化审批手续，积极给予支持。”[17, 18]

2003 年 5 月，《国务院办公厅关于做好 2003 年普通高等学校毕业生就业工作的通知》(国办发〔2003〕49 号)中规定：“鼓励高校毕业生自主创业和灵活就业。凡高校毕业生从事个体经营的，除国家限制的行业外，自工商部门批准其经营之日起 1 年内免交登记类和管理类的各项行政事业性收费。有条件的地区由地方政府确定，在现有渠道中为高校毕业生提供创业小额贷款和担保。”[19]2003 年 6 月，财政部、国家发展和改革委员会联合下发《关于切实落实 2003 年普通高等学校毕业生从事个体经营有关收费优惠政策的通知》(财综〔2003〕48 号)，为切实落实“国办发〔2003〕49 号”文件精神，鼓励高校毕业生自主创业和灵活就业，提出了六项有利于高校毕业生自主创业的政策规定[20]。

2003 年 6 月，劳动和社会保障部在《关于贯彻落实国务院办公厅关于做好 2003 年普通高等学校毕业生就业工作的通知若干问题的意见》(劳社部发〔2003〕14 号)文件中明确规定：“各地劳动保障部门要认真总结近几年来开展创业培训工作的经验，积极组织面向高校毕业生的创业培训，并与就业指导、咨询服务、后续扶持有机结合起来。充分利用各级劳动保障部门远程创业培训网络和创业培训的项目，集中开发一批适合高校毕业生的创业项目库，搜集一批创业信息，为高校毕业生创业提供帮助。”[21]

2003 年 6 月，国家工商行政管理总局在《关于 2003 年普通高等学校毕业生从事个体经营有关收费优惠政策的通知》(工商个字〔2003〕第 76 号)文件中，就高校毕业生从事个体经营、灵活就业和自主创业，制定了一系列有关收费优惠政策，促进高校毕业生自谋职业、自主创业。2009 年 1 月，国务院办公厅发出《关于加强普通高等学校毕业生就业工作的通知》(国办发〔2009〕3 号)，教育部发出《关于做好 2010 年普通高等学校毕业生就业工作的通知》(教学〔2009〕15 号)等，这些政策都鼓励大学生从各种路径拓展就业渠道，以各种形式支持大学生自主创业。

2022 年 3 月，教育部办公厅开展高校毕业生就业创业政策宣传月活动，发布《普通高校学生自主创业政策公告》等就业创业政策，在税收优惠政策、担保贷款和贴息政策、资金扶持政策、工商登记政策、户籍政策、创业服务政策、学籍管理政策七个方面给予高校学生创业支持和帮扶①。

二、优惠的扶持政策

从 2002 年开始，各部委陆续出台了支持大学生创新创业的一系列政策，从收费、融资、注册登记等方面给予了大学生创业者有力的扶持。各项优惠政策简述如下。

(一)个人或企业融资优惠政策

融资政策方面的政策优惠着力点在于打通大学生创业的资金获取通道，在提高融资效率的同时降低融资风险。例如，降低大学生创业贷款门槛，提高贷款限额，并且对贷款大学生实施利息补贴及引入风险投资。此外，政府和各界人士设立的大学生创业基金会还对创业大学生进行帮扶。上述融资路径和渠道，应届大学生都可以申请，获得批准后可得到一定额度的资助。

(二)注册登记优惠政策

注册登记方面的政策优惠着重规范和优化流程，主要体现在登记注册程序的简化。创业的应届大学生可拿登记申请书、验资报告等材料到各级工商部门注册大厅优先登记注册[22]。工商部门可先对其颁发营业执照，申请人只需在规定时间内将相关材料补齐即可。

(三)税费缴纳优惠政策

税费缴纳的优惠政策体现在对大学生创业行业、领域、区域的支持。应届大学生从事咨询业、信息业、技术服务业、交通运输业、邮电通信业、公用事业、商业、对外贸易业、旅游业、仓储业、饮食业、卫生事业、居民服

① 中华人民共和国教育部. 教育部办公厅关于开展 2022 年高校毕业生就业创业政策宣传月活动的通知[EB/OL]. [2022-3-28]. http://www.moe.gov.cn/srcsite/A15/s3265/202204/t20220406_614120.html.

务业、教育文化方面的创业，企业或经营单位在进行税费缴纳时，政府可以依照具体情况对其免征或者减征一定比例、一定年限的税费。落户到“老、少、边、穷”地区的企业或经营单位，政府同样可对其免征或者减征一定比例、一定年限的税费[22, 23]。

（四）一体化、全过程的扶持政策

在国家大力改善大学生创业的政策环境下，作为发展的前沿阵地，四川省内高校云集，大学生创业者和团队参与创新创业的热情高涨。为更好地服务和支持四川省内大学生创业者和团队，吸引优质的青年创业团队入驻四川，2018 年 3 月，四川省人民政府在官方主页上公布了四川省大学生就业创业扶持政策清单（2017 年版）。该清单从就业扶持政策、创业扶持政策、综合扶持政策三个方面为大学生提供了 44 项具体化帮扶政策，为自主创业的大学生提供了周到、细致的服务。

思　考　题

1. 大学生创业项目的主要类型有哪些？
2. 请简述我国政府在推动大学生创新创业方面的优惠政策。

本章思维导图

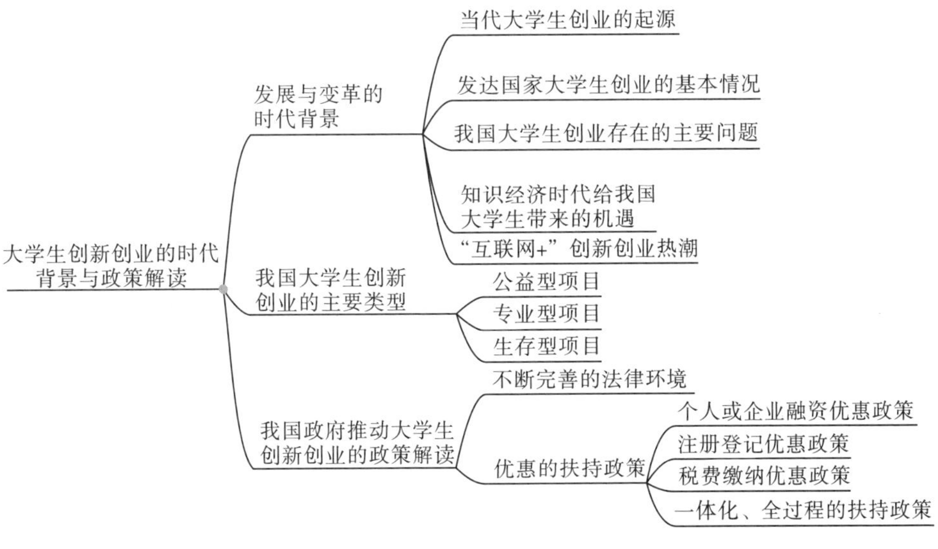

参考文献

[1] 刘之汉. 大学生创意创业[M]. 北京：知识产权出版社，2010：3.

[2] 李军. 大学生创业的情境分析[J]. 出国与就业(就业版)，2010，(22)：26-27.

[3] 胡敏，陈立俊. 基于 SWOT 分析的大学生创业现状及创业教育对策研究[J]. 教育探索，2008，(11)：130-131.

[4] 张建平，林成. 大学生创业现状及创业教育对策研究[J]. 石河子大学学报(哲学社会科学版)，2013，(B12)：17-18.

[5] Astebro T，Bazzazian N. Universities，entrepreneurship and local economic development[C]. European Rogional Science Association，2010.

[6] 卢亮，胡若痴，但彬. 发达国家大学生创业措施及对中国的借鉴[J]. 中国高教研究，2014，(8)：55-60.

[7] 张文强. 国内外大学生创业比较研究[J]. 河南社会科学，2013，21(8)：72-74.

[8] 蒋璟萍. 当代大学生创业环境的基本特征[J]. 中国高教研究，2002，(8)：74-75.

[9] 汤秀丽. 大学生创业现状及“四位一体”创业服务体系的构建——基于对河南省的分析[J]. 继续教育研究，2015，(2)：78-80.

[10] 李燕凌，刘强. 大学创业教育发展之原因分析[J]. 教育与职业，2008，(18)：5-8.

[11] 张樵苏. 李克强同世界互联网大会中外代表座谈时强调 促进互联网共享共治 推动大众创业万众创新[EB/OL]. [2014-11-20]. http://www.xinhuanet.com/politics/2014-11/20/c_1113340416.htm.

[12] 葛玉辉，李肖鸣，申舒萌. 大学生创业测评[M]. 北京：清华大学出版社，2010：85.

[13] 李北伟. 大学生创业引导[M]. 北京：清华大学出版社，2013：1-9.

[14] 王晓松. 中国中小企业创新的支撑体系及其发展[J]. 科学学与科学技术管理，2004，25(8)：60-62.

[15] 中华人民共和国人力资源和社会保障部. 中华人民共和国就业促进法[EB/OL]. [2007-09-10]. http://www.mohrss.gov.cn/SYrlzyhshbzb/zcfg/flfg/fl/201601/t20160119_232078.html.

[16] 亓传伟，陈佳. “互联网+”时代下的大学生创业[J]. 教育与职业，2016，(4)：78-79 .

[17] 郑秋枫. 当代大学生创业中的社会网络解析[D]. 昆明：云南大学硕士学位论文，2014.

[18] 许蓉艳. 浙江省扶持大学生创业的政策研究[D]. 上海：上海交通大学硕士学位论文，2010.

[19] 国务院办公厅. 国务院办公厅关于做好 2003 年普通高等学校毕业生就业工作的通知[EB/OL]. [2003-05-29]. http://www.gov.cn/gongbao/content/2003/content_62175.htm.

[20] 杜艳辉. 在校大学生创业能力培养研究——以石家庄地区为例[D]. 石家庄：河北经贸大学硕士学位论文，2011.

[21] 劳动保障部. 关于贯彻落实国务院办公厅关于做好 2003 年普通高等学校毕业生就业工作的通知若干问题的意见[EB/OL]. [2003-06-04]. http://www.gov.cn/gongbao/content/2003/content_62266.htm.

[22] 张天桥. 大学生创业第一步[M]. 北京：清华大学出版社，2008：1-4.

[23] 孙莹. 吉林省中小企业发展政策支持体系研究[D]. 长春：长春理工大学硕士学位论文，2008.

第二章　文化创意类产业概述

2016 年 1 月，联合国《2030 年可持续发展议程》正式生效，该项议程第一次在全球层面承认了文化、创意和文化多样性在应对可持续发展挑战中的关键角色，其论述引起了各界的广泛关注[1]。由此可以预见，未来文化创意类产业将在世界各国,尤其是发展中国家获得更大的政策支持，整个文化创意类产业将获得跨越式发展机遇。

第一节　文化创意类产业的内涵、分类及特点

根据政策目标、产业优势等不同的现实需求，各学科领域研究者对“文化创意类产业”概念理解略有不同，主要包括以下三大类别。

第一，关于文化创意类产业的基本定义，是指艺术创作、传统的和现代的艺术作品、艺术展览和文化传播活动[2, 3]。

第二，强调文化和艺术作品的传播能力，是指与商业运作、听众和观众规模及艺术作品的扩大传播能力有关的商务活动，具体包括电影、广播电视、出版、音乐和文艺作品的创作活动[2, 3]。

第三，突出现代科技、艺术对文化资源的再创造、重构与提升。源于文化元素的创意和创新[2, 4]，高科技和智力的加工产生出高附加值产品，形成的具有规模化生产和市场潜力的产业，注重文化创意的文化属性[5]，蕴含的规模化生产是重要特性[2, 6]。

一、文化创意类产业的概念界定及发展

2000 年 10 月，中国共产党第十五届中央委员会第五次全体会议通过《中共中央关于制定国民经济和社会发展第十个五年计划的建议》，标志着中央正式文件第一次提出“文化产业”这一概念。之后，中国共产党第十六次全国

代表大会报告明确指出：“发展文化产业是市场经济条件下繁荣社会主义文化、满足人民群众精神文化需求的重要途径。”为贯彻落实中国共产党第十六次全国代表大会关于文化建设和文化体制改革的要求，建立科学的文化产业统计体系，于2003年7月22日成立了由中国共产党中央委员会宣传部牵头，国家统计局、文化部、国家广播电视总局、国家新闻出版总署等单位参加的“文化产业统计研究课题组”，课题组完成了《文化及相关产业分类》，并于2004年4月1日以国家统计局的名义印发[7]。至此，国内有了一个认同度较高的、法定的“文化产业概念”[8, 9]。

“文化产业”虽在中国文化语境中被界定，但我国“文化创意类产业”的诞生也受到全球范围广泛传播的“创意”一词的影响和启发，国内业界和学界逐渐接受并应用“文化创意类产业”概念[8]。追溯文化创意类产业的历史，当代文化创意类产业的兴起源于“创意产业”[10, 11]。1997年5月，英国为振兴国内经济，成立了创意产业特别工作小组。这个小组于1998年在《创意产业专题报告》中首次提出“创意产业”[12-14]。此报告将创意产业定义为：“源于个人创造性、技能与才干，通过知识产权的开发和运用，具有创造财富和增加就业潜力的行业。”据此，英国将广告、建筑、艺术和文物交易、工艺品等13个行业界定为创意产业的范围[8, 10, 15]。

近年来，美国、加拿大、韩国等发布的报告和研究成果极大地丰富了关于创意部门与文化创意类产业的概念内涵[16, 17]。其中，美国的文化创意类产业被称为“版权产业”，分为核心版权产业、交叉版权产业、部分版权产业及边缘支撑产业四大类。位于第一层级的核心版权产业主要针对文化艺术类服务业，而交叉版权产业集中于影视录音设备、电子游戏设备等，部分版权产业则体现设计类行业特征，边缘支撑产业为服务于受版权保护的物品宣传、传播、销售的相关产业[6, 8]。另外，美国从实践意义的角度对文化创意类产业进行了量化，将创意产业与雇佣人员数量的平均值和标准差联系起来。美国密苏里州经济研究与信息中心发布的《创意与经济：密苏里州创意产业的经济影响的评估报告》将创意产业界定为：“雇佣大量艺术、传媒、体育从业人员的产业。”[8,18]产业对艺术的依赖度是根据计算下列工作在产业内所占的比例确定的，这些工作类别属于艺术、设计、体育和传媒行业类[19]。

2006年12月，北京市统计局正式发布《北京市文化创意类产业分类标准》，将文化创意类产业定义为：“以创作、创造、创新为根本手段，以文化内容和创意成果为核心价值，以知识产权实现或消费为交易特征，向社会公众提供文化体验的具有内在联系的行业集群。”[2, 20]

二、文化创意类产业的分类

作为现代文化创意类产业发展的先驱，英国关于文化创意类产业的分类为世界其他国家提供了参考[21]。英国政府以生产规模、成长潜力和创意度作为分类的三个主要指标①，具体细分为 13 项②。

英国著名创意文化产业研究专家约翰• 霍金斯在考察美国的文化创意类产业发展情况后，认为美国的文化创意类产业与英国之间的差距不大，做出过类似的分类，并结合美国本地的特色和创意偏好，额外再分出建筑和电子娱乐两个行业，共分为 15 个行业。美国经济学家凯夫斯则倾向于从传统文化的相关性进行划分，他将书籍与杂志、电影与电视、绘画与雕塑、音乐、戏剧曲艺、电影和电视节目、流行时装、玩具游戏作为文化创意类产业的商品和服务范畴[21]。

由于世界各国在创意产业的名称、范围界定上并未形成一致意见，加之产业发展的目标不同，对创意产业运作模式的理解也存在差异，目前全球范围关于创意产业主要形成了 5 种分类体系，分别为：象征性体裁模式，同心圆模式，世界知识产权组织模式，英国数字、文化、媒体和体育部模式及联合国贸易暨发展会议模式[22]。前三类模式均从核心和外部层面对创意产业进行了明确界定，第四、第五类模式在实际运用中最为广泛。其中，成型于 20 世纪 90 年代的英国数字、文化、媒体和体育部模式，产生于英国政府对城市和经济发展的前景规划[23]。此外，联合国贸易暨发展会议模式成型于联合国教育科学及文化组织(以下简称联合国教科文组织)2009 年发布的文化创意类产业统计框架，是 1986 年以来各成员国在文化统计的经验基础上的结晶，为目前世界公认最权威的文化创意类产业统计框架[24]。5 个代表性模式对文化创意类产业的分类[14, 21, 22]如表 2-1 所示。

① 生产规模指标的直观显示是产值和从业人员数量。

② 软件开发、图书出版、广播、电视、电影、广告、设计、视觉艺术、工艺制造、博物馆、音乐、时尚流行和表演艺术。

表 2-1　5 个代表性模式的文化创意类产业的分类[①]

英国数字、文化、媒体和体育部模式	象征性体裁模式	同心圆模式	世界知识产权组织模式	联合国贸易暨发展会议模式
广告	核心文化产业	核心创意艺术	核心版权业	遗产类
建筑	广告	文学	广告	文化遗产
艺术与古董市场	电影	音乐	收藏协会	考古遗址
手工艺品	互联网	表演艺术	电影与影像	美术馆、图书馆、展览馆
设计	音乐	视觉艺术	音乐	传统文化表达
时尚	出版	其他核心文化产业	表演艺术	艺术与手工艺品
电影与影像	电视与广播	电影	出版	节日与庆典
音乐	视频与电脑游戏	美术馆与图书馆	软件	艺术类
表演艺术	外围文化产业	广义文化产业	电视与广播	视觉艺术
出版	创意艺术	遗产服务	视觉与绘画艺术	绘画、雕塑
软件	边缘文化产业	出版	关联性版权产业	摄影
电视与广播	消费者电子产品	录制	空白录制材料	古董
视频与电脑游戏	时尚	电视与广播	消费者电子产品	表演艺术
	软件	视频与电脑游戏	乐器	音乐播放
	体育	相关产业	纸张	剧院、舞蹈、歌剧
		广告	影印机、影印器材	马戏、木偶戏等
		建筑	部分产权行业	媒体类
		设计	建筑	软件
		时尚	时装、鞋类	视频游戏
			设计	数字创意内容
			时尚	创意服务
			居家产品	建筑、广告
			玩具	文化与休闲
				创意研究和研究与开发
				数字及其他创意服务

我国香港、台湾、北京、上海等地参照相关国际标准划分文化创意类产业(表 2-2)。这些分类方法的相似之处是以产品的基本属性为依据，不同之处在于国家、地区的政策、发展规划、产业结构不同。因而，文化创意类产业在具体分类上也存在一定的差异。

① 资料来源：联合国贸易暨发展会议“Creative Economy Report 2010”。

表 2-2　我国各地区文化创业产业划分一览表[20]

地区	划分标准(参考依据)	主要类别
中国香港	产品基本属性	文化艺术、电子媒体、设计三大类①
中国台湾	英美国家划分标准	视觉艺术、音乐与表演艺术等 13 个类别②
北京	以《国民经济行业分类》为基础，结合国际标准、国家政策及北京市发展规划	艺术、新闻出版等共 9 种行业类别③
上海	重点扶持行业为主体，优势产业发展为优先	设计研发创意、文化艺术创意、建筑设计创意、咨询策划创意、时尚消费创意

三、文化创意类产业的特点

(一)具备浓厚的文化属性

区别于传统依赖自然资源的生产活动，文化创意类产业产品不仅具有一般商品的经济属性，也有文化代表的意识形态和价值观，能对公众的情感乃至整个社会的价值取向产生重要影响，具有普通产品无法比拟的社会聚合效应。

在新创业背景下，文化创意类产业呈现知识、信息、技术密集化的产业特征，数字化、网络化甚至智能化成为发展的必然趋势。这不仅是一个国家综合国力最直观、最具体的体现，更是一个具有无限生机的经济增长点[25]。近年来，如《西游·降魔篇》《西游记之大闹天宫》《长城》《我在故宫修文物》等知识产权(intellectual property，IP)电影占据观影排行榜前列，它们是中国传统文化与现代科技完美融合的产物，它们缔造的文化资源及其挖掘过程也将为一大批底蕴深厚的优秀文艺作品提供持续的创作动力和灵感源泉。

(二)基于创新的鲜明创意属性

在文化创意类产业发展、成熟于全球化的背景之下，产业创新本身意味着推崇创意、个人创造力、技巧及才华，将独具特色的文化创意贯穿于产品的生产和营销过程中。数据资源替代密集型劳动力成为新的生产要素，意味

① 香港文化创意类产业三大类细分的 11 个行业为：文化艺术类中包含艺术品、音乐、表演艺术、古董与手工艺品；电子媒体类包含电视与电台、电影与视像、数码娱乐、软件与电子计算；设计类包含出版与印刷、广告、建筑。

② 台湾文化创意类产业包括视觉艺术、音乐与表演艺术、文化展演设施、出版、广播电视、电影、广告、设计、工艺、数位休闲娱乐、设计品牌时尚、建筑设计、创意生活。

③ 北京文化创意类产业分类：文化艺术；新闻出版；广播、电视、电影；软件、网络及计算机服务；广告会展；艺术品交易；设计服务；旅游、休闲娱乐；其他辅助服务。

着文化创意类产业发展及其衍生品成为新创业时代创新生产的关键性因素。2016年5月，由罗振宇团队推出的“得到”应用软件(application，APP)正式上线。它提倡碎片化学习方式，为用户量身打造独家专栏。版块提供包括企业经营理念、互联网创业技能等实用知识，且有文化社会等领域的大众化学习内容。聚合式的平台规模可以让用户充分利用碎片时间进行自主学习，满足当下年轻人灵活学习的需求，提升用户的自我认知。以知识营销为交易入口的全新商业模式，使该平台一经推出就受到了一致追捧。

(三)具有产业融合升级的高附加值属性

文化创意类产业的核心要素是创意、信息及知识的累积，高附加值主要表现为创意赋予商品的理念价值。在经济发展水平低下、技术比较落后、物质比较短缺的时代，人们重视的是商品的使用价值。而在知识经济时代，随着技术交流与扩散速度的大幅跃升[26]，人文精神的价值引领变得格外珍贵，尤其是文化创意类产业向传统的制造业渗透，不仅有利于推动传统制造业向高附加值的产业升级，更有助于丰富商业化的产品内涵，提升使用者的认知和品味。

近年来，文化创意领域里的部分企业开始涉足金融业，并逐渐与金融业深度融合以扩展空间。例如，2010年，由文化创意企业发起的规模达50亿元的私募股权基金——华人文化产业投资基金应运而生；2011年，国内互联网三大巨头之一的腾讯公司耗资3.8亿元推出证券软件“腾讯操盘手”，以正式宣告进入金融行业；2012年，出版业巨头北方联合出版传媒集团参股中天证券有限责任公司，这些跨界创新的实例生动刻画了文化创意类产业本身可与其他产业融合的特征。

第二节 文化创意类产业的发展趋势

人们基本的生活需求被满足之后，消费市场变得越来越细分化、个性化。其中，文化创意类产业提供基于消费者“反向定制”的创意设计、产品生产和服务，并形成闭合的全产业链条，累积迭代产生新的创意，促使产业创新的商业模式不断升级。

一、推动经济发展的行业生力军

按照国际文化创意类产业发展的历史和成功经验，制造大国转型的有效途径之一就是发展文化创意类产业。据英国首相战略小组2003年的评估，文化创意类产业对当时英国经济发展的重要性远超金融业[27]；美国文化创意类产业创造的经济价值早就超过了农业和制造业；在素有“动漫王国”之称的日本，动漫产品及其衍生品创造的巨大市场价值推动整个产业成为了日本经济发展的支柱；新加坡则在20世纪末就提出了《创意新加坡计划》，打造“亚洲创意中心”的设想推动新加坡成为众多游客青睐的国际化旅游大国。因此，在21世纪，文化创意类产业曾被认为是继高新技术产业后又一新的经济增长点[28]，全球多国的文化创意类产业不仅成为国家文化的基本形态之一，且逐渐发展创造出可观的经济效益[29]。发达国家文化创意类产业，特别是娱乐和传媒产业的增长速度远远超过同期经济的平均增长速度[30]。

据联合国教科文组织、国际作家与作曲家协会联合会和安永会计师事务所于2015年12月3日共同发布的文化与创意产业最新报告[31]，世界各国，特别是发达国家都在不遗余力地争夺这块市场蛋糕，文化创意类产业的竞争在网络平台的催化下日趋白热化[32]。全球资本的汇入、价值共创的“众包”和“分享”模式在提升经济效益的同时，对组织的响应和更新速度也发起了严峻挑战。尽管如此，在共享经济和平台模式日益成熟的新创业环境下，文化创意类产业的创意基因和创新发展的产业动力终将推动该产业在新经济发展的广阔平台上获得更多发展机遇与资源。

二、线下产业发展集群化优势明显

集群化是产业呈现区域集聚发展的态势[33]。作为一种为创造竞争优势而形成的产业空间组织形式，文化创意类产业集成化具有的群体竞争优势和规模效益是其他形式无法比拟，且文化创意类产业的内在属性具有集群化的特质[29, 34, 35]。

创意产品的生产不是在孤立、封闭的环节完成的，只有起到连接生产流程及产业链的作用，方能形成真正完整意义上的创意活动[36]。同时，文化创意类产业较强的产业融合性决定了其发展过程中需要整合各种资源，突显集群化优势。美国的百老汇大道、好莱坞等，是全球经典的文化集聚区；英国的格拉布街更是英国新闻业的骄傲[35]。世界各地出现的创意创业园同样也是文化创意类产业集群化的表现[31]。前者是城市旧工业向新经济转变的新理念、新途径，已经成为现代都市创新经济、文化创意类产业的代名词[37]；后者是以创新文化认知、创业模式共享为目的，逐渐发展成为新生代“创客们”交流、分享的“场域”，为创业者形成创业联盟提供了现实平台。

三、信息化向智能化发展的转型

随着数字技术、网络技术的发展，文化创意类产业发展速度之迅猛，令以往数千年历史的农业、上百年历史的工业和几十年历史的服务业望尘莫及[38]。沟通渠道的快捷、便利、多样使得新技术、新理念能够得到迅速推广和传播，微博等新兴媒介的出现，革命性地改变了传统的传播范式，网络一跃成为平民获取信息、表达情感的舞台[29]。

大数据被广泛运用后，人工智能的运用和研究将成为又一个崭新的创新创业领域。海量数据训练的算法将无限逼近人类致力于追求的“最大理性”，变革的迅猛势头对文化创意领域的冲击扑面而来。广告推广如何获得消费者真实感知？之后又如何及时调整推广策略？智能机器人替代人工的简单劳动成为趋势，计算机写作不但提高了新闻行业的效率，现有的机器写作水平也已达到能满足“给予特定格式或模板，能够清晰传递信息且表达意思”的写作要求[39]。文化创意类产业如何有效适应时代变革？文化创意领域的深刻变革必然淬炼于行业实时数据的获取、挖掘与分析，继而形成庞大的数据资源，它与服务业、制造业的深度融合也必然推动产业智能化的升级。

四、创意联盟成为行业高级形态

经济全球化把世界各国经济日益紧密地连接为一个“无疆界”的整体，跨国文化产业集团凭借自身的雄厚实力，整合全世界范围内的人才、文化、技术、市场、品牌等资源[25, 40]，掀起跨行业类别的兼并、整合热潮，如曾经轰动一时的美国在线与时代华纳的合并。当时的时代华纳公司想开展网络业务，但因资源问题未能实施。那时，作为互联网巨头的美国在线也希望通过并购来扩展业务。对时代华纳而言，美国在线可以为其提供更多的新用户；

相应地，美国在线亦可以使用时代华纳的有线电视网络及内容，由此，两大公司资源互补，最终成功合并。

与上述案例类似，移动互联网时代，基于互联网平台资源的创意联盟聚合了全球范围内的创意精英。作为高级的战略联盟形式，创意联盟推动了创意产生与分享的有效流动，逐渐成为文化创意类产业发展的核心竞争力[41]。

文化创意产品可以继承市场文化和塑造具有代表性的文化形象[42]。从全球范围来看，创意经济成为区域经济乃至国家新兴发展战略的潜力股[43]。由于我国文化创意类产业起步较晚，以北京、深圳、成都等为代表的文化创意之都在文化创意类产业基地和聚集区建设上具有一定规模，但总体来说，其特色、优势还不明显。长沙等新兴区域文化产业发展呈现出一定的后发优势，但在产业发展战略、政府支持力度上仍有巨大上升空间[44]。未来发展需要重点培育具有鲜明特色的文化创意类产业集群，基于各地已有文化产业链优势，打通文化创意类产业发展的全链条，实现文化创意类产业集群发展和产业规模效应的充分释放[45]。

思 考 题

1. 文化创意类产业的概念及其属性分别是什么？
2. 如何理解文化创意类产业发展的趋势？

本章思维导图

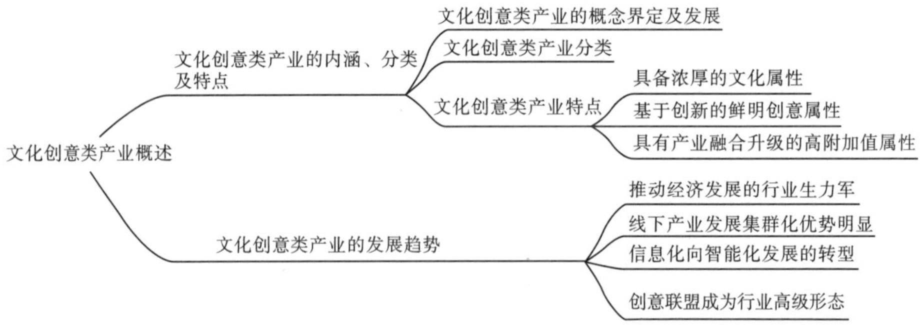

参考文献

[1] 意娜. “联合国 2030 可持续发展议程”下的国际文化创意类产业发展趋势[J]. 广东社会科学, 2016, (4): 70-75.

[2] 罗建幸. 刍议文化创意类产业的定义与分类[J]. 科学经济社会, 2012, 30(1): 162-164.

[3] 傅济锋. 创意产业实证研究——以杭州市为例[D]. 杭州: 浙江理工大学硕士学位论文, 2010.

[4] 厉无畏. 创意产业导论[M]. 上海: 学林出版社, 2006.

[5] 金元浦. 文化创意类产业: 创新型中国的战略选择[N]. 人民日报, 2006-12-29(14).

[6] 李晓溪. 高校文化创意类产业人才培养研究[D]. 上海: 上海大学博士学位论文, 2014.

[7] 刑树森. 首都文化创意类产业发展的认识与实践[EB/OL]. [2006-06-01]. http://theory.people.com.cn/GB/41038/4426182.html.

[8] 张望. 中国文化创意类产业发展模式研究[D]. 南京: 南京大学博士学位论文, 2011.

[9] 王锋. 29 届奥运会对北京文化创意类产业影响的分析研究[D]. 苏州: 苏州大学硕士学位论文, 2009.

[10] 徐延. 文化创意类产业概念辨析[J]. 当代传播(汉文版), 2007, (4): 84-86.

[11] 陈俊东. 文化创意: 文化产业勃兴的点睛之笔[J]. 江汉论坛, 2006, (10): 59-61.

[12] 廖明星. 张家界文化旅游创意产业研究[D]. 吉首: 吉首大学硕士学位论文, 2012.

[13] 雷丙寅, 赵凯. 论科技与文化创意类产业发展的关系[J]. 求索, 2012, (3): 113-115.

[14] 刘奕. 文化创意类产业: 内涵、效应与政策[J]. 中共中央党校学报, 2012, 16(3): 86-90.

[15] 张海涛, 苏同华, 钱春海. 创意产业兴起的背景分析及其启示[J]. 中国软科学, 2006, (12): 58-62.

[16] 高颖. 2006 中国文化创意类产业展望[J]. 科技智囊, 2006, (3): 68-72.

[17] 贾凤兰. 文化创意类产业的由来与发展[J]. 求是, 2009, (24): 53-53.

[18] 金元浦. 当代世界创意产业的概念及其特征[J]. 电影艺术, 2006, (3): 4-10.

[19] 金元浦. 大竞争时代的城市形象(下)[J]. 北京规划建设, 2005, (6): 84-86.

[20] 姚东旭. 文化创意类产业的界定及其意义[J]. 商业时代, 2007, (8): 95-96.

[21] 苏嘉琪. 上海文化创意类产业发展模式研究[D]. 上海: 华东政法大学硕士学位论文, 2013.

[22] 张京成, 沈小平, 张彦军. 中外文化创意类产业政策研究[M]. 北京: 科学出版社, 2013.

[23] 南旭光, 周孝华. 从潮流式兴起到理性反思——对创意产业发展的研究述评[J]. 华东经济管理, 2010, 24(8): 85-89.

[24] 张玉玲. 中国文化产业统计: 要文化, 不要泛化[N]. 光明日报, 2011-9-8(16).

[25] 徐仲伟, 周兴茂, 谈娅. 关于文化创意类产业的几个基本理论问题[J]. 重庆邮电大学学报(社会科学版), 2007, 19(6): 60-66.

[26] 厉无畏. 创意产业推动城市发展[J]. 团结, 2006, (4): 24-28.

[27] 佟贺丰. 英国文化创意类产业发展概况及其启示[J]. 科技与管理, 2005, 7(1): 30-32.

[28] 陈汉欣. 中国文化创意类产业的发展现状与前瞻[J]. 经济地理，2008，(5)：728-733.

[29] 吴存东，吴琼. 文化创意类产业概论[M]. 北京：中国经济出版社，2010.

[30] 厉无畏. 创意产业导论[M]. 上海：学林出版社，2006.

[31] 联合国教科文组织. 新的报告显示文化和创意产业为全球提供 2950 万个工作岗位[EB/OL]. [2015-12-03]. https://zh.unesco.org/news/xin-bao-gao-xian-shi-wen-hua-he-chuang-yi-chan-ye-wei-quan-qiu-ti-gong-2950mo-ge-gong-zuo-gang.

[32] 魏鹏举. 文化创意类产业导论[M]. 北京：中国人民大学出版社，2010.

[33] 李谆. 基于产业集群的长株潭区域创新体系研究[D]. 湘潭：湘潭大学硕士学位论文，2006.

[34] 陈柳钦. 未来产业发展的新趋势：集群化、融合化和生态化[J]. 商业经济与管理，2006，(1)：30-34.

[35] 陈共德. 广电产业发展新趋势与政府管理范式转变[J]. 视听界，2007，(5)：50-52.

[36] 贺寿昌. 关于创意产业的理论思考[J]. 戏剧艺术，2006，(3)：4-12.

[37] 张乐，梁波. 创意产业：行走在创富路上[N]. 经济参考报，2005-11-05.

[38] 徐炯. 杭州文化创意类产业发展分析及创意产业园区建设策略[D]. 杭州：浙江工业大学硕士学位论文，2015.

[39] 湖南文化创意类产业研究中心. 文化创意类产业[M]. 北京：中国传媒大学出版社，2015.

[40] 吴军. 智能时代[M]. 北京：中信出版社，2016.

[41] 万彬菲. 中国 QFII 投资策略、投资偏好及其影响因素研究[D]. 成都：西南财经大学硕士学位论文，2009.

[42] 张振鹏，马宗国. 文化软实力语境下文化创意类产业发展探讨[J]. 科技进步与对策，2012，29(8)：61-65.

[43] Lee Y J. Exploration of local culture elements and design of cultural creativity products[J]. Journal of Statistics and Management Systems，2010，13(4)：823-834.

[44] Taylor C. Between culture，policy and industry：modalities of intermediation in the creative economy[J]. Regional Studies，2015，49(3)：362-373.

[45] 刘义. 论文化创意类产业发展之构想[J]. 时代报告(学术版) 2011，(1)：11.

第三章　人工智能对文化创意类产业的影响

在 1956 年的达特茅斯会议上，人工智能的概念被首次提出[1]。而今在大数据、云计算、物联网等技术发展的基础上，人工智能技术已经取得了巨大突破，并率先在汽车、金融、医疗、零售等领域发挥着重要作用。随着新一代人工智能技术的深入应用，其势必将给各行各业的发展带来更多的机遇与挑战。本章从简述人工智能概念引入，在人工智能的发展及其商业运用中，分析人工智能对文化创意类产业的影响。

第一节　人工智能概述

大众对人工智能的关注热潮缘起于 2016 年的“围棋人机大战”。实际上，早在20世纪50年代，这一概念就被明确提出，学界关于人工智能的研究成果丰硕。与此同时，人工智能运用于实践给人类生活带来的便捷已让诸多领域的生产模式发生了深刻变革，人工智能的本质是模拟人类活动的智能机器和系统[1]。近年来，随着机器学习的运用日益广泛，类脑智能技术将是下次技术突破的关口[2]，经过训练的人工智能具备迭代和持续进化的特质，从技术本身到社会生产方式、思维模式的变革对于创业者，特别是大学生创业者而言，这显然又是一个崭新的挑战。

一、人工智能的概念

麻省理工学院的帕特里克·亨利·温斯顿教授认为：人工智能就是研究如何使计算机去做过去只有人才能做的智能工作[3]。而中国人工智能学会与罗兰贝格管理咨询公司联合发布的《中国人工智能创新应用白皮书》[4]提出：人工智能是一门利用计算机模拟人类智能行为科学的统称，它涵盖了训练计算机使其能够完成自主学习、判断、决策等人类行为的范畴。

上述这些对于人工智能的定义，反映了人工智能学科研究的基本思想和基本内容，即人工智能是主要研究人脑所能解决的问题，利用计算机构建立一个具有“智能”的人工系统，并通过计算机的软硬件技术模拟人类的某些智能行为,如学习、推理、思考、规划等。而这样的定义，实质是回归图灵博士描述机器智能原点的初衷[5]。

二、人工智能的发展

继 1956 年人工智能的概念首次被提出，1969 年“国际人工智能联合会议”的召开标志着人工智能得到了国际的认可[1]。从其概念被提出到今天，人工智能的发展已走过六十多年，其过程跌宕起伏。根据现有文献中学者的解读，并结合行业专家的认知，从其发展的理论基础，将人工智能六十余年的发展历程分为两个阶段，第一阶段以数理逻辑的表达与推理为主，第二阶段以概率统计建模、学习和计算为主。①

（一）人工智能发展的第一阶段

1956 年的夏天，10 位年轻的学者在达特茅斯学院召开了“达特茅斯夏季人工智能研究会议”，这是一次头脑风暴式的讨论会。这 10 位年轻的学者讨论的是当时计算机科学尚未解决，甚至尚未开展研究的问题，包括人工智能、自然语言处理、神经网络等[5]，人工智能的概念由此而产生。此后出现了一批显著的成果，如机器定理证明、跳棋程序、LISP 表处理语言等。但由于解法推理能力有限，以及机器翻译失败等，人工智能走入了低谷[6]。

从 20 世纪 60 年代末至 80 年代，人工智能的发展关注于问题求解，研究体现实用性，各种搜索型算法大量涌现，学者在机器定理证明方面的研究取得了重大进展[7]。由于研究需要，1969 年“国际人工智能联合会议”(International Joint Conferences on Artificial Intelligence，IJCAI）成立，该会议是人工智能领域最有影响力和权威性的盛会[5,8]。20 世纪 80 年代以后，专家系统地研究与开发出了 IBM 的深蓝等诸多具有里程碑意义的软件系统[9]。但符号主义观点和方法显露出的局限性，使知识获取、表达及庞大的计算量等问题成为制约人工智能发展的瓶颈[7]；加之，日本从 1982 年开始的“第五代计算机研制计

① 来自加州大学洛杉矶分校(UCLA)统计学和计算机科学教授，视觉、认知、学习与自主机器人中心主任朱松纯的《浅谈人工智能：现状、任务、架构与统一》，2017 年 11 月 2 日刊登于《视觉求索》。

划”，即“知识信息处理系统”[5, 10]，目的是使逻辑推理达到数值运算的速度，最终也以失败而告终。一系列的现实困境给研究者提供了反思传统人工智能发展的机会[11]。在人工智能发展的第一阶段，人工智能研究分出了计算机视觉、自然语言理解、认知科学、机器学习、机器人学五大领域，形成各自独立的学术圈子并发展壮大。①

(二)人工智能发展的第二阶段

1990 年中期，第一阶段的五大领域先后发现了概率建模和随机计算这一新的发展模式，开始在共同平台上交互。②进入 21 世纪，大数据、并行计算与机器学习之间相互借力，促使人工智能发展突飞猛进。语音及图像识别系统被广泛运用于大众生活场景，在特定任务方面，人工智能技术也取得了突破性进展[9]，但仍旧处于“弱人工智能”的发展阶段，面对可能的技术突破和市场，人工智能技术运用前景广阔。

2016 年，美国在全球范围内从国家层面率先推出了《美国国家人工智能研究和发展战略计划》，掀起了大国之间关于人工智能发展的战略角逐。紧随其后，英国发布了《人工智能：未来决策制定的机遇与影响》。我国在 2017 年发布了《新一代人工智能发展规划》，在 2018 年《政府工作报告》中明确提出将人工智能上升为国家战略。有了政府的大力扶持、企业的积极响应，人工智能技术在基础支撑、平台构建方面获得长足进步，国内 BAT(百度、阿里、腾讯)三家企业已逐渐可与国际一流水平的企业相媲美。

三、人工智能的商业应用

随着社会信息化进程的加快，特别是移动互联网的普及，全社会对人工智能的态度变得更为理性。加之物联网、大数据、云计算技术为人工智能技术的发展提供了所需要的关键要素。如今，越来越多的人工智能产品出现在我们的周围，如特斯拉的无人驾驶技术、智能音箱、智能家居等。人工智能技术正在逐渐改变我们的产业结构，甚至将彻底颠覆某些领域的传统产业模式，这也为创业和商业活动提供了大量的机遇和选择。细分领域未来发展方向，机器学习、图像识别和智能机器人发展空间较大、发展速度较快[12]。

①② 来自加州大学洛杉矶分校(UCLA)统计学和计算机科学教授，视觉、认知、学习与自主机器人中心主任朱松纯的《浅谈人工智能：现状、任务、架构与统一》，2017 年 11 月 2 日刊登于《视觉求索》。

2017 年，由腾讯研究院发布的《中美两国人工智能产业发展全面解读》报告数据显示：截至2017年6月，全球人工智能企业总数达到2542家，其中美国拥有1078家，占据42%；中国拥有592家，占据23%；其余872家企业分布在瑞典、新加坡、日本、英国、澳大利亚、以色列、印度等国家[13]。在产业结构方面，人工智能产业的发展出现了九大热点领域(图3-1)。

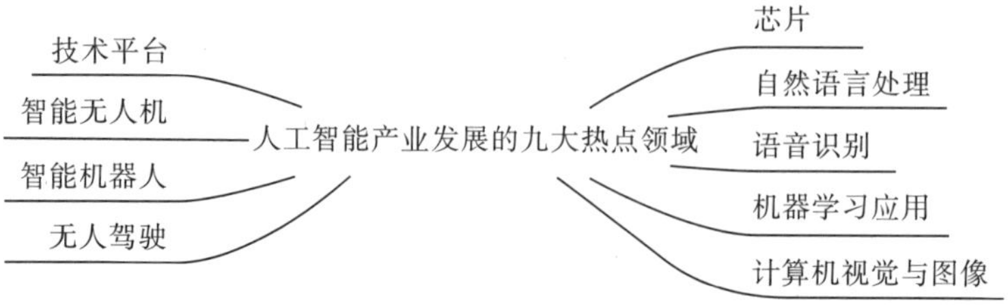

图3-1　当前人工智能发展的九大热点领域

随着人工智能技术的不断发展和成熟，其运用的商业领域将不断扩展，同时也将为更多的领域提供新的生产动力。凭借超过欧美总和的互联网用户基数这一天然基础，中国人工智能发展高歌猛进[14]。

第二节　人工智能对文化创意类产业的影响

文化创意类产业一直是各国政府大力扶持和发展的产业，具有高回报、低污染特性，是有助于大力提升民众创造力的重点产业。例如，以金融城著称的伦敦，却被誉为“世界卓越的创意和文化中心”[15]；拥有多样化经济背景的国际大都市纽约，其文化产业为经济发展的支柱[16]；国内一线城市上海，也在20世纪末的城市升级过程中，推动了文化创意集聚区的发展，并通过世博会这类国际性主题活动，带动了文化创意类产业的快速发展[17]。由此我们可以看到，以集聚区的方式发展文化创意类产业已成为世界潮流[18]。在此背景下，成都抢抓发展机遇，于2017年出台了《成都市文化产业发展“十三五”规划》。该规划指出，以创作、创造、创新为根本手段，以文化内容、创意成果和IP为核心价值，以高新技术为重要支撑，为社会公众提供文化产品和服务，引领文化产业发展和文化消费潮流的新兴产业[19]。

面对人工智能的大力发展和技术革新，人工智能与文化创意类产业相结合共同发展的“智慧文化创意”的新业态必将成为一种趋势，而这种趋势也将给整个文化创意类产业带来巨大变化。

一、人工智能与游戏产业

美国市场研究公司Superdata公司公布的数据显示，2017年全球游戏行业收入达到1084亿美元，手机游戏收入592亿美元，成为占总收入比例最高的平台，其次分别是PC游戏(330亿美元)和主机游戏(83亿美元)[20]。在互动媒体分类下，虚拟现实技术和增强现实技术领域加起来的收入达到了40亿美元规模，游戏视频内容紧随其后，2017年收入为32亿美元，电竞产业去年的收入规模是7.56亿美元[20]。由此可见，在移动互联网时代，游戏产业正以惊人的速度发展。

随着人工智能技术的不断发展，游戏产业也在不断地寻求与人工智能技术的结合，并在游戏的研发、运营等方面取得了重要的突破。以《极速竞技6》为例，这款游戏采用了A.I. Drivatar技术，通过这项技术，游戏玩家可以训练自己的“智能车手”，“智能车手”通过学习玩家自己的驾驶技术，建立属于玩家自己的车队。甚至在游戏过程中，游戏本身通过电脑搜集所有游戏中玩家的驾驶习惯和行车路径，经过后台大数据的计算，设计出电脑玩家，让其参与真实玩家的比赛，从而提升真实玩家的游戏体验。此外，在游戏中最常见的非玩家角色(non-player character，NPC)的角色和功能设定中，已经大量运用人工智能的算法，如随机寻路算法(控制NPC在游戏场景中行走的方向、距离、速度等)、跟踪算法(控制NPC如何跟踪游戏玩家)、躲避算法(控制NPC如何躲避游戏玩家的攻击)。

现有的人工智能开发平台如谷歌的TensorFlow、IBM的System ML人工智能工具、微软的Project Malmo平台，都为现今的游戏开发提供了大量的人工智能技术和工具，这些技术和工具的出现不仅大大缩短了游戏的开发周期，还为玩家提供了更好的游戏体验。游戏公司不仅可以利用人工智能平台开发游戏，也可以利用人工智能平台进行游戏的运营。例如，国内的“数数科技”公司开发的“Thinking Game Analytics新一代游戏数据分析系统”和“Rosetta Cloud Service游戏玩家舆情分析系统”，通过获取游戏玩家的多维数据，分析游戏玩家的游戏行为、群体特征，实时掌握游戏动态，同时帮助游戏开发公司全面评估游戏运营活动效果，为初创的游戏开发公司提供了便利。

二、人工智能与出版产业

出版产业是文化创意类产业的重要组成部分，同时也是全人类智慧和文化的结晶，因此出版产业本身对人的“智能”有着严格的要求，而作为以模拟人类“智能”为目的的人工智能技术，在传统的出版产业中势必可以发挥巨大的作用。

《2016—2017 中国数字出版产业年度报告》指出：“人工智能技术正加速进入新闻出版业，在出版发行、印刷物流、数据加工、数字阅读、数字教育等领域得以应用，将为新闻出版业的转型融合带来更多可能性。人工智能将使出版流程实现智能化：一是语音录入稿件，二是机器协助校稿，三是机器写作，四是增强用户交互体验。此外，人工智能在印刷领域同样具有广阔的发展前景，可有效地淘汰落后生产，提高生产效率。”[21，22]以龙源数字传媒集团为例，该公司建立了一个名为“知识树”的平台，当编辑利用该智能平台定义了一部分内容以后，该平台便会自动编写剩下的内容，这大大缩短了图书出版的周期。正如龙源数字传媒集团副董事长汤杨指出的：以前编辑一本书需要花一个月的时间，现在编辑一本书只需要花一天的时间，这是人工智能平台可以达到的一个基本标准[23]。此外，人工智能技术还将在智能策划与协同撰稿、智能审校系统、智能印制、智能发行、流程协同与再造方面对整个出版行业产生深远的影响[24]。以智能策划与协同撰稿为例，传统的出版通常需要出版商和编辑根据经验选择出版主题，但经验式的判断容易出现偏差，导致市场反响低于预期，或是让本应畅销的书籍错失市场机会。利用人工智能技术，出版商可通过市场海量图书信息、作者信息、读者偏好、阅读评价等数据的挖掘与分析，通过智能算法选择合作作者和主题。随着人工智技能技术的进步，在未来可能出现这样一种情景，那就是书在出版前就能较准确地预测市场反应和销量。

三、人工智能与传媒产业

2017 年 8 月 8 日 21 时 19 分，四川九寨沟县发生 7.0 级地震；当天 21 时 40 分左右，中国地震台网中心在官方微信上发布了一条消息——“四川阿坝州九寨沟县发生 7.0 级地震”，全网第一篇关于地震的新闻报道诞生[25]。该报道全文共540字，配发4张图片，整个稿件用词准确，行文流畅。这篇专业的新闻报道并不出自专业记者之手，而是由中国地震台网机器人于2017年8月8日21时37分15秒自动编写的稿件，用时仅25秒[25]。

2017年12月26日，新华社在成都发布了中国第一个媒体人工智能平台——“媒体大脑”。在发布会现场，新华社还发布了首条机器生产内容视频新闻，该视频由“媒体大脑”中的“2410(智能媒体生产平台)”系统制作，计算耗时仅10.3秒[26]。以“媒体大脑”为基础的人工智能平台，赋能记者和编辑，帮助他们提高新闻生产效率的同时，正以新技术与媒介深度融合的方式推动着未来媒体的科技化、精准化发展[27]。

在2018年的中华人民共和国全国人民代表大会和中国人民政治协商会议报道中，新华社再次使用人工智能技术，在新华社客户端发布增强现实报道《AR看两会丨政府工作报告中的民生福利》，用户只需要点击新华社客户端首页下方的“小新机器人”，使用增强现实功能扫描第二代身份证反面(国徽和长城图案的一面)，便可用更具科技感的方式浏览政府工作报告。这是首条机器生产内容新闻发布后，新华社又一次使用人工智能领域的代表性技术(增强现实技术)进行新闻报道[28]。

在人工智能技术不断变革创新、新媒体面临转型的大背景下，我们可以看到越来越多的媒体正在把人工智能放在媒体创新战略的重要位置上[29]。从技术上看，人工智能技术将以最方便、最灵活、最便捷、最经济有效的方式生产和传播信息，对于受众而言，这无疑大大降低了阅读新闻的时间成本。

四、人工智能与文化旅游产业

随着人工智能技术的发展和应用的普及，文化旅游产业也开始将“智慧”与旅游相结合，“智慧旅游”便由此产生。它是基于新一代信息技术，为满足个性化的旅游需求，提供高品质、高满意度服务，提高旅游消费效率，实现旅游资源及社会资源的共享与有效利用的系统化、集约化的管理变革[30]。许多成熟的人工智能技术已经在我们的文化旅游产业中发挥了重要作用。

第一，人工智能提供智慧讲解。传统文化旅游景点都会配备讲解员为游客讲解景点的历史文化，但由于讲解员的人员数量有限，无法满足每位游客的需求。而现在，已经有越来越多的旅游景点配备电子讲解系统，通常游客只需要关注景点的微信公众号或租赁一个电子讲解器，根据游客在景点中的移动轨迹，电子讲解系统就会为游客讲解其所处位置景点的历史文化，大幅提升游客的旅游体验。

第二，人工智能提供旅客数量预测。在实际的旅游管理场景中，由于消费者的流动具有较强的不确定性，景区很难对游客的数量进行预测，这对旅游景区的资源管理提出了很高要求。利用目前的人工智能技术，已能有效实现对旅游景区游客数量的合理预测。基于对景区游客数据信息的分析，结合其他智能系统的相关信息，系统可对区域范围内的游客密度及分布特征进行分析与计算，从而实现对景区游客数量的预测[31]。这不仅能提高旅游景点的管理效率，优化景区的资源配置，更能从应急管理的角度，对集聚区人群进行导流，以有效应对突发的紧急情况。

第三，人工智能提供智能营销平台。在分享式和体验式消费观念影响下，用户对平台的信息信赖和依赖程度成为旅游行业精准营销的关键影响因素。商家通过携程、去哪儿、途牛等智能营销平台发布旅游资讯，平台根据用户浏览和消费历史智能化推荐个性化路线、旅行攻略等，为用户提供友好的信息交流和分享平台。

人工智能技术对文化创意类产业的影响是全面、深刻的，甚至将颠覆某些传统的文化创意类产业模式。如何更好地将人工智能技术融入自身的产业模式，提高生产效率和服务质量，是每一个文化创意类产业的创业者需要认真面对和思考的问题。

思 考 题

1. 人工智能的概念是什么？
2. 人工智能技术如何影响四大文化创意类产业？

本章思维导图

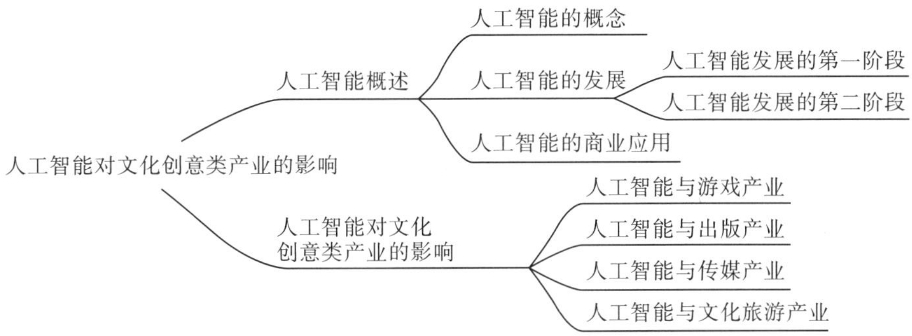

参考文献

[1] 朱巍，陈慧慧，田思媛，等. 人工智能：从科学梦到新蓝海——人工智能产业发展分析及对策[J]. 科技进步与对策，2016，33(21)：66-70.

[2] 蔡恒进. 人工智能发展的突破口及其提出的新要求[J]. 江西社会科学，2017，(10)：18-24.

[3] 刘仲蓓. 人工智能的发展与后人类中心主义[J]. 江苏社会科学，2000，(4)：56-57.

[4] 中国人工智能学会，罗兰贝格管理咨询公司. 2017 中国人工智能创新应用白皮书[R/OL]. [2017-11-26]. http://www.useit.com.cn/forum.php?mod=viewthread&tid=17235.

[5] 田金萍. 人工智能发展综述[J]. 科技广场，2007，(1)：230-232.

[6] 武海丽. 初识人工智能[J]. 科技创新导报，2009，(2)：196.

[7] 刘毅. 人工智能的历史与未来[J]. 科技管理研究，2004，24(6)：121-124.

[8] 张东摩. 人工智能研究动态与发展趋势：参加第十五届国际人工智能联合大会总结报告[J]. 计算机科学，1998，25(2)：5-8.

[9] 熊辉. 人工智能发展到哪个阶段了[J]. 人民论坛，2018，(2)：6.

[10] 童天湘. 我国研制第五代、第N代计算机的战略设想[J]. 科学学研究，1985，(3)：71-74.

[11] 刘泉宝，刘永清. 从思维科学看人工智能的研究[J]. 计算机科学，1994，21(5)：9-12.

[12] 陈炳祥. 人工智能改变世界——工业4.0时代的商业新引擎[M]. 北京：人民邮电出版社，2017.

[13] 腾讯研究院. 中美两国人工智能产业发展全面解读报告全文[R/OL]. [2017-08-02]. http://www.cbdio.com/BigData/2017-08/14/content_5576175.htm.

[14] 刘发为. 人工智能有望出现中美双引擎[N/OL]. [2018-02-26]. http://paper.people.com.cn/rmrbhwb/html/2018-02/26/content_1838220.htm.

[15] 王如忠. 上海文化创意类产业发展的战略思路与对策研究[J]. 上海经济研究，2007，(10)：76-83.

[16] 朱易安. 纽约与上海文化创意类产业发展渊源之比较[J]. 科学发展，2009，(5)：105-112.

[17] 金元浦. 上海世博会：文化创意类产业发展的重要契机[J]. 探索与争鸣，2009，(4)：47-50.

[18] 厉无畏. 文化创意类产业集聚区建设——以中国文化创意类产业先行区上海为例[J]. 甘肃社会科学，2014，(3)：1-6.

[19] 成都市文化广电新闻出版局. 成都市文化产业发展“十三五”规划解读[EB/OL]. [2017-09-27]. http://www.chengduwenhua.gov.cn/htm/detail_199166.html.

[20] GameLook. 2017 年游戏市场规模 1084 亿美元 LoL 年收入 21 亿美元[EB/OL]. [2018-02-02]. http://www.gamelook.com.cn/2018/02/319907.

[21] 中国新闻出版研究院. 《2016—2017 中国数字出版产业年度报告》发布 [EB/OL]. [2017-07-11]. http://mp.weixin.qq.com/s/IDNCM-MOl_kf9st6AFiQlg.

[22] 史竞男. 我国数字出版产业总收入达 5720 亿元[EB/OL]. [2017-07-11]. http://www.xinhuanet.com/fortune/2017-07/11/c_1121302298.htm.

[23] 任晓宁. 人工智能玩出什么花样[N/OL]. 中国新闻出版广电报，2017-7-17(5).

[24] 刘华东，马维娜，张新新. “出版+人工智能”：智能出版流程再造[J]. 出版广角，2018，(1)：14-16.

[25] 杜一娜. 记者不能因机器可写作丢弃基本功[N/OL]. 中国新闻出版广电报，2017-8-10(2).

[26] 新华社客户端. 新华社发布国内首条 MGC 视频新闻，媒体大脑来了！[EB/OL]. [2017-12-26]. http://www.xinhuanet.com/2017-12/26/c_1122170364.htm.

[27] 吴茂辉，魏兆阳，李力可. 中国新兴媒体融合发展报告发布：人工智能是精准传播的技术核心[EB/OL]. [2017-12-26]. http://www.xinhuanet.com/fortune/2017-12/26/c_1122169522.htm.

[28] 贺大为，焦旭锋. AR 新闻亮相全国两会媒体应用人工智能再上台阶[EB/OL]. [2018-03-08]. http://www.xinhuanet.com/2018-03/08/c_1122507637.htm.

[29] 范以锦. 人工智能在媒体中的应用分析[J].新闻与写作，2018，(2)：60-63.

[30] 张凌云，黎巎，刘敏. 智慧旅游的基本概念与理论体系[J].旅游学刊，2012，27(5)：66-73.

[31] 周相兵，马洪江，苗放. 一种基于云计算的智慧旅游云解决方案[J]. 东南大学学报(自然科学版)，2012，42(s2)：261-264.

第四章　文化创意类产业大学生创新创业胜任力现状及提升策略

在经济全球化背景下，作为以创造力为核心的新兴战略性产业，文化创意类产业以新创意引领发展，被视为朝阳产业。要实现文化创意类产业的大发展、大繁荣，需要培养更多具有创造意识和创新素质的人才。大学生作为最具有创新潜力的群体之一，提升大学生创新创业胜任力水平，帮助他们在文化创意类产业内进行创新创业，是实现文化创意类产业蓬勃发展的有效途径。本章围绕文化创意类产业大学生创新创业胜任力的现状与问题，分析各类胜任力模型要素，提出提升大学生文化创意类产业创新创业胜任力的策略。

第一节　文化创意类产业大学生的创新创业胜任力现状

大国之间的博弈是经济和综合国力的较量，实际上也是科技和人才的竞争。国务院办公厅印发的《关于深化高等学校创新创业教育改革的实施意见》(国办发〔2015〕36号)提到，深化高等学校创新创业教育改革，是国家实施创新驱动发展战略、促进经济提质增效升级的迫切需要[1]。要建设创新型国家，提高文化软实力，就必须培养具有创新创业胜任力的文化创意人才，更新他们的知识体系、优化技能结构、培育创新创业意识及提升创新创业品质。

在“大众创业、万众创新”的时代背景下，文化创意人才尤其受到国家政策的鼓励和支持。文化创意类产业具有高知识性、高增值性和低耗能、低污染等特性[2]，应促进文化创意类产业与实体经济相结合。“互联网+”不仅为创新创业带来了投资风口，它还能与医疗卫生、农业、工业紧密联系在一起，但前提是建立在好的创意之上。虽然创业环境良好，但创业企业基数大、存活率低、竞争力薄弱已成为现今文化创意领域里创业企业普遍面临的现实问题。总体来讲，虽然大学生生活在高校的“象牙塔”中，创业有国家政策的支持和鼓励，具备文化创意类产业创新创业的政策和环境优势，加强对他们的引导，有望使大学生成为创新创业新力军中的黑马。但现有的高校创新创业教育体系薄弱、创造性训练和培养导向不明确等问题仍成为制约大学生从事文化创意类产业创新创业活动的瓶颈。接下来，从五个方面进一步对大学生从事文化创意类产业创新创业面临的挑战做出分析。

一、大学生文化创意类产业创新创业意识薄弱

文化产业的发展，依靠生产者释放、解放的创造力及其水平。移动互联网时代的大学生有着鲜明的群体性特征，他们敢于思考，勇于挑战，自我意识强烈，追求自我价值的实现。在面临事关个人发展的重大决策时，他们目标更为清楚、行动更为果敢。从理论上说，他们创新创业成功的概率较大。但现阶段国内大学生真正在创新创业方面成功的人却寥寥无几。基于上述现实，在强化创新意识、培养创造能力等方面，实施文化创意类产业大学生创新创业教育培养、服务指导则任重而道远。

文化创意类产业的属性决定从业者培养需注重创意思维的训练和表现技巧的呈现。目前国内大部分高校开展的创新创业课程属于通识类教育范畴，缺少专业领域的课程辅导，而对于文化创意领域创新创业的“聚焦式”教育则少之又少。与此同时，部分学校注重创新创业意识的培养，却忽视了学生自身专业能力的融入。各大高校相继开展了大量的创新创业活动，但难以自成体系，直接目的是给学校拿奖和争优，导致大多数都是“以赛而创”，“被动性创业”教育特征突出。这种现状难以与文化创意类产业对人才创新意识的高标准相匹配。

总体来看，首先，高校在大学生文化创意类创新创业教育上的目的不明确，创新型人才培养整体机制尚未形成，导致学生的发展能力受到局限[3]。文化创意类产业不只是技术的革新，更是思维意识的革新。随着高新技术的发展，以虚拟现实、人工智能、量子通信等为代表的第四次工业革命的到来，使人们生活物质水平获得较大满足并开始追求精神上的获得感，社会大众对于文化作品、成果的需求量激增。当代大学生是承接上述文化创意类产品供应的新力军。从该群体的生产力来看，以艺术、传媒类大学生为主，而这两类群体的大学生普遍较为个性化，社会责任感和使命感相对较弱，在一定程度上影响了这两类群体创新创业意识的养成。

其次，大学生的创新创业胜任力教育不仅是高校的责任，还受家庭教育等隐性、客观因素的影响。例如，从家庭成员构成来看，现在大学生的父母以70后为主，他们的教育观念普遍较为传统。以成都理工大学为例，2017年4月随机抽取编导专业一个班的学生进行问卷调查，发现超过60%的学生家长希望自己的孩子可以找到一份相对稳定的工作，最好是在体制内的事业单位。另外，通过与部分家长的交流发现，家长们认为，创新创业面临的未知和风险远超孩子们预期。家长担心的不可控因素，直接影响和阻碍了学生创新创业意识的培养。

二、内容创新的教育培养有待深入

“内容为王”的时代已来临。马歇尔·麦克卢汉说过，媒介是人体的延伸。文化产业的魅力在于不管时代如何变迁，媒介如何变化，其解释力和生命力依然很强。只要人类社会在不停地交流，文化的传播、创意的更新就不会终止，而与之密切关联的便是内容的生产和创造。虽然现在媒介平台还在发展当中，但就其现状和发展趋势而言，格局和层级已基本成型，创业者理应转而投向内容生产和加工。

以梨视频为例，其属于资讯类视频平台。2016年7月29日，澎湃新闻首席执行官(chief executive officer，CEO)邱兵通过个人朋友圈正式宣布离职东方早报和澎湃新闻，开始创业[4]。2016年11月3日，梨视频上线，它以时政类视听新闻为突破口进入大众视野。因“宁波老虎事件”，上线仅三个月，该平台便成为现象级短视频平台。在运用技术流、流量至上、爆炒热点等手段后，新的行业生态必将使内容至上成为行业的黄金法则[5]。

内容直接决定着创业能否成功，大学生在文化创意领域的创新创业着力点应主要放在创业内容上。自媒体实验早就存在，但能成功实现流量变现的却是极少数人[6]，在众多的大学生创新创业的过程中，到底什么样的内容才能引起共鸣、引起高额的红利呢？这个问题没有固定答案，归根到底还是新颖的选题。但大多数学生对于选题的把控能力和内容的把握能力均欠缺，导致前期储备不足，难以达到创新和创业在内容构建上的要求。

而对于内容创业的教育和引导，目前国内高校开展的工作尚待深入。内容制作过程多数由学生们自主构思，但创意不是凭空捏造，需要富有经验的导师传授方法和技巧，启迪创作灵感，其基础和根本在于知识。就像乐高玩具的排列，选择构成的要素完全相同，但不同的组合呈现出来的效果却迥异。创意本身没有对错，更多的是点睛之笔，一点不同，平淡与惊艳间的鸿沟便生成。在这方面，高校应该开设创意思维训练课程，从学生阶段就学习设计思考等拓宽创新思维的方法。

三、创业资金获取与宣传能力需提升

在传统创业中，资金和宣传是困扰创业者的两大难题。进入移动互联时代，该问题并未被彻底消除。尽管平台资源的大量出现为创业企业带来了更多的展示空间和机会，但对接、转换的市场却因分流而失去了许多优质内容，让很多怀抱文化创意梦想的大学生望而止步。与此同时，资金不足是当前大学生进入文化创意领域创业的最大瓶颈，创业初期资金缺乏，创业启动资金主要来源于亲情融资、银行贷款、天使投资基金、政策创业基金、高校创业基金及风险投资等(表 4-1)，风险投资等市场化行为占比较低，普通创业学生获得风投的可能性较小。

表 4-1　创业启动资金主要来源[4-13]

类型	概念描述	优势	劣势
亲情融资	向家庭成员或亲朋好友筹款	筹措资金速度快，风险小，成本低	给亲友带来资金风险，甚至是资金损失，若创业失败就会影响双方感情
银行贷款	通过向银行申请贷款获得资金	资金来源正规、银行财力雄厚	手续烦琐，任何一个环节都不能出问题
天使投资基金	自由投资者或非正式风险投资机构，对处于构思状态的原创项目进行的一次性的前期投资	操作程序较为简单，融资速度快，门槛较低	多数投资者想拥有对投资企业的控制权，容易与创业者因观念冲突而发生矛盾
政府创业基金	政府提供的创业资金	利用政府资金，不用担心投资方的信用问题，政府的投资通常都免费，降低或者免除融资成本	申请创业基金有严格程序要求，融资者需面对其他融资者的竞争
高校创业基金	大学生在创业期间学校给予的一种鼓励、促进的资金	本身就是高校鼓励的资金，具备权威性和荣誉性	资金规模不大，支撑力度有限，面向的对象不广且竞争激烈
风险投资	一种融资和投资相结合的全新投资方式，是创业者通过出售自己的一部分股权给风险投资者获得一笔资金，用于发展项目、开拓市场，当创业项目达到一定规模时，风险投资者出卖自己拥有的企业股权获取收益，再进行下一轮投资	有利于有科技含量、创新商业模式运营、有豪华团队背景和良好现金流、发展迅猛的有关项目融资	融资项目局限性较大

简而言之，创业融资的风险是大学生在创业初期必须慎重考虑的问题。因为，在“内容为王”的时代，文化创意类产业创作者执着于内容创作上创新的同时，需要面临融资能力和媒介素养的双重挑战[5]。

同时，加大创新创业的宣传力度，提升大学生创业活动的业务发布能力，这也是创业者不容忽视的步骤之一。同场竞技是大学生创业者相互学习和了解的过程，更是获得专业人士认可，帮助项目提升质量、优化发展路径的关键环节。

四、防范法律风险的意识淡薄

大学生创业管理者较为欠缺防范风险意识。一方面，这与法制思想观念在大学生群体中普及并转化为自觉意识有关；另一方面，这与现阶段仅追求高效开展相关法务培训，而教育效力不足相关。总的来说，创新创业教育理论性强，实操方面强调能力培养，对大学生群体创新创业活动中的相关法务需求重视程度还不够；现有课程教育体系中法律知识的传授和培训尚未系统化，对大学生创业者的法律教育和实用性引导还不足；创新创业扶持政策中配套的法律服务较为缺失，从法律角度保障政策落地的实效性有待提升。

在大学生从事文化创意类创新创业的过程中，最可能遇到的法律问题却最容易被忽视，如大学生创意类原创性的IP如何维护，如何避免各种债务纠纷、杜绝违法交易等。第一，创新创业的主体必须遵循基本的市场经济法律规则，始终在法律限定的范围内进行创业活动；第二，要主动学习法律、法规，特别是学习相关专业领域的法律常识和行为准则与规范；第三，创新创业主体要用规范的组织管理去约束自身行为，在竞争激烈的市场下，不能扰乱正常文化产业交易秩序，合理规避风险，降低交易成本，实现创新创业可持续性。

五、文化创意类产业的政策支持需更加完善

就大学生文化创意类创新创业实践而言，国家正积极营造良好的文化产业发展环境，打造有利于创新创业的生态系统。文化创意类企业借助前沿科技使得文化产业的呈现方式变得多种多样。政企合作给大学生提供了优质的

文化创意类产业园，供大学生进行创新创业实训，有力推动了文化创意领域“大众创业、万众创新”的新浪潮。全国不同省份都出台了相关政策来支持大学生的创新创业，在此列举其中三个省份的政策(表4-2)。

表4-2　不同省份大学生创新创业政策

省份	创新创业政策
四川	大学生创业可享有万元创业补贴、创业培训补贴和在校大学生创业担保贷款贴息等福利
山东	扩大省级大学生创业孵化基地、创业园区支持范围，通过财政奖补支持，鼓励政府、高校和企业建设一批孵化条件好、承载能力强、融创业指导服务为一体的创业孵化基地和创业园区
福建	2014～2017年，引领3万名大学生实现创业，在全省各地和高校扶持建设50个创业孵化基地(创业园)

大学生文化创意类产业创新创业的进一步推动，需要社会各界共同营造一个良好的文化艺术氛围和优化的创新创业环境。第一，作为现实生产者和未来的经营者，大学生要积极转变观念，主动提升创新创业方面的胜任力；第二，各高校应建立服务于大学生创新创业的机构和组织，开展实效性、具体性的指导和帮扶；第三，国家和社会要畅通法制、体制、机制的对接通道，做好大学生创新创业的帮扶与服务。总体上，需要国家、社会、高校、个人的共同努力，才能更好地引领大学生文化创意类产业创新创业走向成功。

大学生文化创意领域创新创业是一片广阔的蓝海，行业发展的前瞻性和战略性赋予创业者较大压力和挑战的同时，也带来了诸多前所未有的机遇。借力移动互联网带来的红利，文化创意类产业发展势头迅猛，通过内容生产和创新深刻影响了民众生活，提升了大众生活品位。无论家庭、高校还是社会，都应积极响应，帮助文化创意类产业大学生的创新创业实践。

第二节　大学生文化创意类产业创新创业胜任力模型

文化因创意而焕发光彩，文化更因创造而丰富内涵。在文化创意类产业中，真正的核心价值是创意，是创意者或创意团队综合其知识、思维方式、技能等诸多迸发元素的“神奇”组合而产生的奇思妙想。这是文化创意类产业发展的源泉，是实现该产业增值的枢纽。因此，培养文化创意人才、提升人才的创意水平是我国文化创意类产业蓬勃发展的关键。创意人才的培养尤其需要提升胜任力水平，对于青年大学生来说，这种胜任力培养的各项环节对他们今后的发展大有裨益。本节为大家介绍国内外学者研究分析的创新创业胜任力模型，在人才选拔、培养等方面具有一定的指导意义。

一、创新、创业、胜任力的含义

经济学家约瑟夫·熊彼得认为："所谓创新就是要将生产要素重新组合，即需要把一种从来没有的关于生产要素和生产条件的新组合引进生产体系中去，以实现对生产要素或生产条件的新组合。"[14]创业是创业者对自己拥有的资源或通过努力对能够拥有的资源进行优化整合，从而创造出更大经济或社会价值的过程。它需要创业者运营、组织、运用服务、技术、器物作业的思考、推理和判断的行为[15]。

关于创新和创业的内涵与逻辑联系，学界已有相当丰硕的研究成果。而对文化创意类产业来说，创新和创业相辅相成，相得益彰。创新能够提高文化创业的能力，创业也可以促进文化产业的不断创新。

关于胜任力，美国学者斯潘塞认为："胜任力是在工作或情境中，产生高效率或高绩效所必需的人的潜在特征，只有当这种特征能在现实中带来可衡量的成果时才可称为胜任力。"而英国学者理查德·威廉姆斯则认为，胜任力的特征是由特定职位要求的优异表现组合而成的，包括多种素质特征的结构，它描述了有效完成组织工作所需要的知识、技能与特征的结合[16]。通常来讲，胜任力是将人们在工作中达成的优秀工作效果所表现出来的各项特征加总[17]，再以不同方式折射出人们的思维、能力、性格等各个方面。

胜任力模型是为完成某项工作、达成某一绩效目标所具备的一系列不同要素的组合[18]，包括不同的动机表现、个性与品质要求、自我形象与社会角色特征及知识与技能水平。这些行为和技能须可测量、可观察、可指导，并对个人和企业绩效产生关键影响[19]。对中小企业而言，创业者胜任力是企业竞争力的关键要素[20]。

二、创新创业通用胜任力模型

（一）冰山模型

1973年，美国著名心理学家麦克利兰在《美国心理学家》杂志上发表《测量胜任特征而非智力》，开启了“胜任力”领域的研究，他被世界学者公认为胜任力概念的创始人[21]。同年，麦克利兰提出了著名的冰山模型。在这个模型中，他将人员的个体胜任力的不同表现划分为两个部分，上部分为表象特征，包括基本知识、基本技能，是容易感知与测量的部分，较容易通过培训对其进行改变、引导其发展；下部分为潜在特征，包括社会角色、价值观、自我形象、特质和动机，是内在的、难以量化的部分，不太容易受外界影响而改变，却对人员的行为与表现起着关键性的作用[22, 23]，见表 4-3。

表 4-3　冰山模型的素质层级表

素质层级	定义	内容实例
基本技能	指主体能完成某项工作或任务所具备的能力	表达能力、组织能力、决策能力、学习能力等
基本知识	指主体对某特定领域的了解	管理知识、财务知识、文学知识等
社会角色	指主体对职业的预期，即一个人想要做些什么事情	管理者、专家、教师
价值观	指主体对事物是非、重要性、必要性等的价值取向	合作精神、献身精神
自我形象	指主体对自己的认识和看法	自信心、乐观精神
特质	指主体人持续而稳定的行为特性	正直、诚实、责任心
动机	指主体内在的自然而持续的想法和偏好，驱动、引导和决定个人行动	成就需求、人际交往需求

冰山模型提出的 7 个属性特征是个体能够完成某项具体任务，实现其特定目标的重要指标。这些属性特征具有实际的参考性和指导性。在文化创意创新创业人才的考察和培养中，上述 7 个层面内容都是不可或缺的重要指标。

冰山模型建立了科学的判断依据，该模型多被用于企业或组织的人才选拔过程，通过对面试者能力的比对分析来筛选适合的人才，实现企业或组织的预期目标。这一经典模型同样适用于大学生创新创业的胜任力考核，为构建大学生创新创业的胜任力模型及其培养体系奠定了理论基础。

(二)素质洋葱模型

继麦克利兰的冰山模型之后，美国著名学者 R.博雅特兹(Richard Boyatzis)又对其进行了深入挖掘和研究，并在此基础上总结提出了素质洋葱模型(以下简称洋葱模型)，将素质由内向外概括为层层包裹的结构，最核心部分相当于冰山模型中水下最深的部分，然后向外方依次展开，一一递进。在此模型中，洋葱核心是动机。该模型依次向外扩展的分别是动机、个性、自我形象与价值观、社会角色、态度、知识、技能[24]。越向内层，该项素质特点越难以学习和培养；越向外层，该项素质特点则越容易被模仿和评价[25]，见图 4-1 及表 4-4。

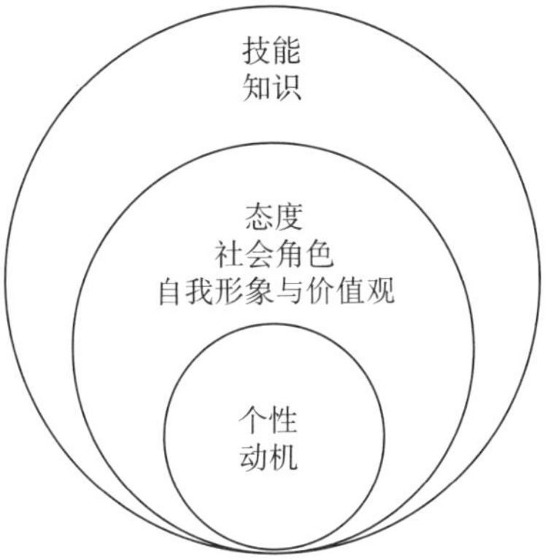

图 4-1　洋葱模型图解

表 4-4　洋葱模型要素描述[26-29]

动机	个性	自我形象与价值观	社会角色	态度	知识	技能
推动个体为达到目标而采取行动的内驱力	个体对外部环境及各种信息等的反应方式、倾向与特性	个体对自身的看法与评价	个体对其所属社会群体或组织接受并认为是恰当的一套行为准则的认识	个体自我形象、价值观及社会角色综合作用外化的结果	个体在特定领域所拥有的事实型与经验型信息	个体结构化地运用知识完成具体工作的能力

由图 4-1、表 4-4 可知，洋葱模型与冰山模型在内容上并无实质差异。洋葱模型表层的技能和知识属于冰山模型中水面以上的部分，较为浅显、容易被模仿；而价值观、社会角色、动机等则属于冰山模型的水下潜藏部分，不易被改变和学习。虽然这两个模型在本质上相同、差距甚微，但洋葱模型的层次性更强，由表及里，依次向外扩展，内核是共性，外面看得见的是技能和知识。在具体运用上，洋葱模型与冰山模型同理，但前者更注重次序性。例如，洋葱的最内层部分包含着个人的个性和动机，其他部分依次向外延伸，将个人“包装”起来。完整个体的内核之所以难以改变，在于这并不是完全由学习获得的，可能和主体的家庭背景、父母教育、环境变化息息相关。例

如，生活中有人性格偏内向，可能源于幼年时期生活不幸福而造成的孤僻、古怪个性；而有的人性格随和，很大程度上得益于家庭的完整和谐。在内核以外，有一层自我形象与价值观、社会角色和态度，这也是在成长中形成、不易扭转的要素。第三层是技能和知识，这层相对容易培养，也相对容易被评价。

三、大学生创新创业的胜任力模型

高校积极培养大学生创新创业胜任力，挖掘大学生创新潜力，鼓励大学生自主创业，以创新创业带动高质就业，这样的定位对于文化创意类产业的发展而言具有重大意义。大学生自主创业积极响应国家创新型战略的要求，顺应时代发展的潮流。在众多创业方向中，文化创意类产业与互联网发展、演化密不可分。对于大学生创业者来说，文化创意类产业创业道路更为广阔，市场前景较为理想，但同时，文化创意类产业对创新人才的要求更为严格，如创新能力更强、知识积累和运用更游刃有余等。因此，如何更好地引导大学生在学习生活中确定创业意向、在社会实践中提升自己的创新创业胜任力，是当前高校开展创业教育事业遇到的重大问题。

关于大学生创新创业胜任力培育的路径和建立模型的研究不胜枚举。本节精选的创新创业胜任力模型，是国内外学者潜心研究、不断总结而得出的，意在为年轻创业者的学习和生活提供有益参考，为高校创新创业完善教育路径，以提升教育实效。

创业胜任力是一种高层次特征，由创业知识、创业素质与创业能力三个维度组成，各维度包含多个具体的量化指标。与通用创业胜任力对创业者及团队的影响类似，大学生创业胜任力是衡量大学生创业者和团队发展的关键性指标，是高校、社会在实施创业教育、管理和服务过程中应高度关注的要素[30]。

（一）大学生创业胜任力模型

该胜任力模型在文献研究、深度访谈的基础上，选取广东省高校477名有创业经历(含正在创业)的大学生作为研究对象，经过小样本测试，对测试题目进行修订，获得5个维度(创业能力、创业品质、创业动机、创业技能、创业知识)、19个变量(图4-2)，并对量表进行信效度检验后，采用随机抽样的调查方法对上述学生群体实施问卷调研。结果分析表明：①在大学生创业胜任力各维度特征中，最需要提升的是创业知识、创业能力与创业技能；②在各维度具体指标上，决策能力、资源整合能力、战略能力和财税知识最为欠缺；③从大学生创业者胜任力发展的过程分析，在大二、大三阶段增长速度最快[31]。研究结论与高校实施创业教育和管理服务的实际较为吻合，一定程度上反映出当代大学生具备较强的创业动机，但存在创业胜任力不足的现实问题。同时，研究还从供需匹配的角度，为高校实施针对性的创业教育和服务提供了有价值的参考。

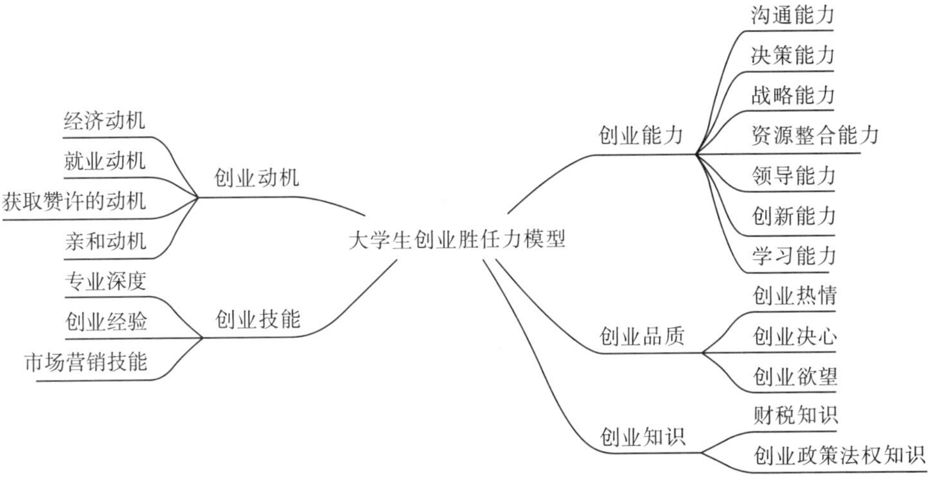

图 4-2　大学生创业胜任力模型[31]

(二) 大学生创业心理胜任力模型

大学生创业心理胜任力模型由邓丽芳等于 2012 年提出[32]，研究对象的所在区域选取了高校集中、大学生创业走在前沿领域的北京市，创业者是在校大学生或大学毕业后三年内的创业者，在文献和案例分析的基础上，通过行为事件分析提取概念并进行概念编码，编制问卷，预调研后，对 450 名大学生实施正式问卷调研。最后，运用统计分析方法提取区分上述研究对象在绩效差异上的心理影响因素。研究结果表明：①在平均等级分和最高等级分上，优秀者与普通者在自信、韧性等 9 个特征方面存在显著差异；②在发生频次上，在韧性、创造力等 6 个特征方面存在显著性差异(表 4-5)[32]。

表 4-5　大学生创业心理胜任力绩优组与普通组特征比较①[32]

	平均等级分					最高等级分					发生频次				
胜任特征	优秀组	普通组	M	S.D.	*t*	优秀组	普通组	M	S.D.	*t*	优秀组	普通组	M	S.D.	*t*
创业激情	2.417	1.184	0.958	1.287	2.889**	2.500	1.243	1.000	1.348	2.833*					
自信	2.833	1.030	1.333	1.287	3.152*	2.917	1.084	1.583	1.443	2.559*					
韧性	2.981	0.321	2.056	1.151	2.682*	3.333	0.492	2.333	1.443	2.760*	3.250	1.357	2.083	1.379	2.089**
风险评估能力											1.583	1.379	1.583	1.564	0.000
创造力	2. 723	0.962	0.917	1.379	3.720**	2.750	0.965	0.917	1.379	3.773**	1.333	0.779	0.333	0.492	3.761**
不确定性	1.952	1.380	1.944	1.227	0.014										
承受能力															
学习能力						2.500	1.243	1.333	1.435	2.128*	1.917	1.165	0.750	0.965	2.672*
信息收集能力	1.792	1.588	0.333	1.073	2.636*	1.833	1.642	0.333	1.073	2.649*					
关系建立能力	2.586	1.239	0.792	1.373	3.360**	2.833	1.403	0.917	1.505	3.226**	2.000	1.414	0.833	0.718	2.548*
领导力	2.493	0.943	0.805	0.989	4.278**	2.750	0.965	1.000	1.128	4.083**	2.917	1.975	1.083	1.782	2.388*
合作能力	2.216	1.247	0.792	1.373	2.443*	2.417	1.311	0.917	1.730	2.394**					

注：*表示 $P < 0.05$，**表示 $P < 0.01$.

(三) 大学生科技创业胜任力模型

大学生科技创业胜任力模型由洪江涛等于 2016 年提出，通过对当前时代背景下的大学生在科技领域的现实创业案例分析，构建了大学生科技型创业者胜任力与绩效的关系模型(创业者胜任力的维度包括智力、心理特质、经验、技术、社交能力、组织管理、中国梦理念 7 个变量，绩效包括财务绩效与成长绩效两个变量)，经过信度、效度检验和预测检验后，以现场问卷和电子邮件等方式，面向上海的科技型大学生创业者发放调研问卷。研究结果表

① 表 4-5 根据参考文献[32]数据，选择的是其中具有显著性水平差异的指标。

明：①创业者心理特征是企业获得成长的重要保障，创业者积极乐观的心态对企业财务绩效有显著的正向作用；②创业者胜任力中的智力指标所代表的逻辑分析能力和创造力对解决创业过程中的问题、提高企业绩效有显著的正向作用；③创业者经验、技术、社交及组织管理能力对创业企业绩效有正向作用[33]。

四、文化创意类产业人才素质模型

文化创意类产业人才素质模型由国内学者王刚等于 2016 年提出。他们研究的文化产业创意人才定位于文化产业链上游的高端人才，其拥有较为丰富的知识、较强的创新能力及技能，通过运用自身娴熟的专业能力创造新观念、新技术和新内容，进而提供高附加值的创意产品或服务，是被文化创意领域市场接受和认可的复合型人才[34]。研究通过问卷调查，选择文化产业增加值较高的 11 个国内城市，对覆盖 500 多个行业的对象进行了广泛的调查和深度分析(因子分析、信度与效度分析等)，得出了文化创意类产业人才的 13 项素质特征，并提出了创意基础、创意能力和创意人格三个维度[34]。运用相关软件，结合问卷的样本量，进行信度与效度分析，对文化产业创意人才素质结构进行验证，其结果如表 4-6 所示。

表 4-6　创意人才素质模型各条目与因子总分之间的相关系数[35]

素质特征	创意基础	创意能力	创意人格
专业知识	0.644		
文化素养	0.688		
经验丰富	0.672		
专业技能	0.644		
创新能力		0.796	
沟通协调能力		0.801	
解决问题能力		0.806	
学习转化能力		0.787	
敬业精神		0.792	
团队合作		0.788	
风险承受能力			0.706
包容性			0.737
质疑精神			0.709

研究结果表明：①高水平文化创意人才所应具备的素质特征包括创意基础、创意能力和创意人格三个维度；②该模型对于培养创新创业人才有着积极的借鉴和指导意义，有利于在文化创新创意产业中甄别优秀人才。对大学生而言，该模型则是学习参照的样本，可提示大学生通过“对标”训练和改进，以适应文化创意类产业创新创业发展的现实需求。

胜任力模型是企业等各类组织进行人力资源开发和管理的基础[35]。在文化创意类产业创新创业的实践活动中，理解并运用人才素质模型有利于大学生创业胜任力的培养，帮助他们完成创业过程，并实现所创事业的可持续发展，同时指导年轻创业者实现从创业者向创业企业家的转变[36]。

大学生文化创意类产业创新创业胜任力模型在人才培养当中的价值、意义和作用是高校运用于改革、优化实践教学的充分理由。文化创意类产业发展更是需要知行合一的人才，例如，传媒类相关学科专业人才的思维活跃、创新创意性强，对时事热点把控到位、市场敏感度高。通过胜任力模型对各项创新创业胜任指标体系的评价和学习、大学生对知识的掌握和驾驭带来创新意识的突破。

本节所介绍的创新创业胜任力模型涵盖的素质、能力特征各有差异，每个模型适用的领域和对象也有侧重。创新创业的胜任力内涵丰富、层次多、具有综合性，是由不同侧面、复杂特征构成的整体。以上模型的共同特征是以人格特质为中心，这一内核对相关的显性素质如责任心、冒险精神、敢为性等具有动力、定向、支持和强化作用[37]。这些模型表现的具体特征虽然不同，但总体来讲，它们相互联系且有机结合，对创新创业主体的态度、认知、行为起到调节和控制作用。

第三节　提升大学生文化创意类产业创新创业胜任力的策略

创新型创业不同于模仿型创业，其有替代生产型创业活动的潜力和优势[38]，这意味着它是真正推动经济增长的内生动力[39]。开展创新型的创业者注重以技术创新和创造性活动培育市场，满足顾客需求，增加顾客忠诚度，建立企业依赖的创业模式[40-42]。

创业离不开创新，从创新型创业的内涵和本质上分析，满足文化创业类行业领域市场需求的高质量创业必然也是以创新型活动为主线的。在此模式之下，培育文化创意类产业创新创业人才的初衷和归属落脚于创意灵感的开发、培训和创新意识的培养与发展。

同其他行业有所不同的是，文化创意类产业创业者从事该领域的创业活动，不仅需要扎实的专业知识，还需要极致的创意灵感。紧密贴合市场发展导向，引导大学生从事文化创意类产业领域的创新创业，满足大众文化生活的相关需求，是创造具有社会价值创新成果的重要路径。本节以美术专业大学生的创新创业为主要例证，分析大学生文化创意类产业创新创业的大环境，探讨大学生文化创意类产业创新创业胜任力的培养路径。

一、全面认知机遇与挑战，找准胜任力培养的目标需求

（一）大众需求多样化，市场空间广阔

传统创业市场更多地关注消费者基本的物质生活需求，而新的创业环境，尤其在互联网时代，大众自我意识的觉醒、民众对生活质量多样化需求的提升反映在家居、环境等生活空间的布局、装饰中。民众们热衷于个性化的订制需求，对流水线生产、千篇一律的家居用品避而远之，创业者可创作专属消费者个人和其所在家庭订制的文化创意类产品。

（二）实践运用性强，专业技能学习衔接性好

艺术类学生或具有艺术创作特长的大学生具有一定的专业技能基础，这为他们日后从事文化创意领域的创业提供了便利。与其他创业模式相比，文化创意创业，尤其是内容创作型的创业（如设计）具有低复制性特征，创业者的专业技能决定创业绩效。

（三）投入少，相关领域创业的路径广

上述专业实践性体现出创业者在创业路径上选择的多样性，大众可开发和创作的领域极其丰富，其产业链条的衍生可涵盖传统行业、新兴产业，实现多个行业领域的深度融合，为大学生创业者以低投入创业获得较高绩效提供了现实基础。

尽管创意产业发展态势良好，市场对文化创意人才的需求旺盛，但随着文化创意类产业在各地竞相发展的态势加剧，全国范围内文化创意类产业人才供

需矛盾突出[43]，此现象背后折射出区域文化创意类产业发展不均衡、高层次的文化创意人才缺失的现实问题，这为大学生从事文化创意类产业相关领域的自主创业提供了机遇，也对创业者自身的胜任力水平提出了更加严格的要求。

与此同时，应当看到尽管市场创业机会众多，创业绩效预期良好，但从驱动创业者主体“内生动力”积极应对挑战的层面分析，仍然需要对大学生在文化创意类产业创新创业面临的主要问题及原因进行分析，以针对性地改进，从而提升创业者个人胜任力水平和企业绩效。

二、深度剖析大学生自主创业存在的问题及原因，直击胜任力短板

(一) 创业者知识素养相对欠缺，创业后劲不足

与普通类别的大学生接受的知识学习和素养提升的路径略有差异，设计专业类学生(如美术)通常会将一部分时间和精力分配在技能训练和学习上，这在一定程度上影响了设计专业类学生在知识体系培养上的完整性，直接表现在学生的逻辑思维能力、系统思维能力方面相对欠缺。

(二) 创业者专业水平存在局限，新技术的运用与更新能力还需提升

文化创意类产业创业以产品和服务的创作为灵魂，从创意到作品，再从作品到产品，经历的过程复杂，其形态的不断转化不仅需要创业者拥有远见卓识和高超的技艺，更强调创业者对文化资源、社会及市场资源的衔接、整合，乃至驾驭能力。这要求创业者从海量数据中敏锐地捕捉市场关键信息，在创意的产生过程中擅长使用新媒体技术呈现和表达观念，熟练使用文化创意类产业领域的新技术、新方法，高效地在市场、消费者、创作者间建立创意、资本及产业的联系。但由于学科技能培养模式所限，多数创业者还停留在纯手工制作(如手工作品等)环节，对整合使用互联网技术的能力还较为欠缺，创业模式更多反映出传统创业模式的特征，不利于创业企业在该领域的可持续发展。

(三) 管理及市场运营能力不足，创业层次和质量相对较低

专业属性决定创作者倾向于“个人创作”，“单打独斗”的现象大量存在。创业活动主要依托工作室，且多数在高校及周边驻扎，应多与创意集市等

平台联系以拓展市场。除此之外，大学生自主创业普遍缺乏主动地开发并融入所在高校创意产业园、当地文化创意类产业园，实现对作品价值的再创造和系统化开发，乃至市场化运作的过程，因此，创业层次较低、创业质量不高。

三、做好创业政策扶持的落地，展现全社会育人的协同效应

创意产业作为新兴的服务业态，正在我国迅速崛起[44]。中国共产党第十七届中央委员会第六次全体会议通过了《中共中央关于深化文化体制改革、推动社会主义文化大发展大繁荣若干重大问题的决定》，提出文化是民族的血脉和灵魂，是国家发展、民族振兴的重要支撑，是衡量社会文明程度和人民生活质量的显著标志[45]。

高校需积极响应国家政策和号召，以高度的责任心和使命感，抓好、落实大学生创新创业的服务工作，着力将有创新创业想法的同学培养为创新、创意、创业集一身的“三创”人才。以成都理工大学为例，学校于 2015 年 9 月正式成立成都理工大学创新创业联合会。联合会以人为本，着重发展学生创新意识，负责校内外同学及各大企业项目与人的链接。在校级联合会的组织框架下，每个学院都设有相应的创新创业俱乐部，依据不同专业同学的特长进行相关领域的创新创业培养。例如，传播科学与艺术学院主要为文化创意类产业的创新创业，目前已有创业成功的学生团队。

对大学生从事文化创意领域创新创业的思考落脚于创业主体的胜任力水平，高校应从培养创新型文化创意领域创业人才，引导大学生从创新型创业的角度，协调高校、社会、企业各方的力量，整合资源，从政策支持、教育服务、成长引领方面为年轻的创业者提供科学化的支持，帮助他们挖掘潜力、发挥优势，克服困难和弥补不足，以更好地适应移动互联网时代创业的挑战，乃至在当下胜任力水平的基础上，成功迎接人工智能时代的到来。

微分享

大学生创业专利维权[46]

移动互联网时代，资讯可快捷、高效的被获取，给大学生创业者提供便利条件的同时，也可能有潜在的创业风险。以2016年武汉市保护IP十大案例

为例，案例主人公在创业过程中就深刻体会到了创业专利维权的不易。

这家被侵权的公司名为武汉毳雨环保科技有限责任公司(以下简称毳雨公司)，其拥有的核心技术是由武汉科技大学学生李恒 2012 年在校研发出的一种“高空喷淋降尘系统”。该系统经由武汉市建设科学技术委员会组织评审，后申请到国家专利。

2015 年 8 月，毳雨公司的销售人员发现，市面上出现了由当地某环保公司制造的模仿该专利技术的塔吊喷淋装置，毳雨公司立即以涉嫌侵犯专利权为由，向武汉市科技局(知识产权局)申请立案。经调查认定，毳雨公司被侵权。尽管侵权企业被要求一次性赔偿毳雨公司2.8万元，但对毳雨公司而言，获得赔偿的道路异常艰辛。

在迫不得已之下，毳雨公司只好接受对方2.8万元的赔偿，但侵权企业在武汉市科技局(知识产权局)调解结案前又向国家知识产权局提出质疑，“赔完又后悔了”。类似这样的专利侵权，李恒表示至少遭遇过 5 起。为了处理专利侵权纠纷，毳雨公司投入大量人力和时间取证、申请维权协调，最终的结果是认定该企业构成侵权，拆掉设备。而对李恒及毳雨公司而言，不仅无法弥补基本的维权成本，更别谈由此带来的经济损失。

当地创业园区内类似毳雨公司的大学生科技创业型企业有很多，截至 2017 年 6 月，园区内只有毳雨公司一家维权成功。但一路艰辛的维权经历也促使李恒加大对技术研发的投入，公司正在申请 6 项发明专利。对于大学生科技创业的专利维权，李恒表示：“虽然路很长，但我们坚信只要坚持做，希望总在前方。”

思 考 题

1. 在文化创意类产业中，大学生从事创新创业应培养的必备胜任力有哪些？

2. 高校如何提高管理和服务水平，以满足文化创意类产业学生创新创业胜任力培养的需求？

本章思维导图

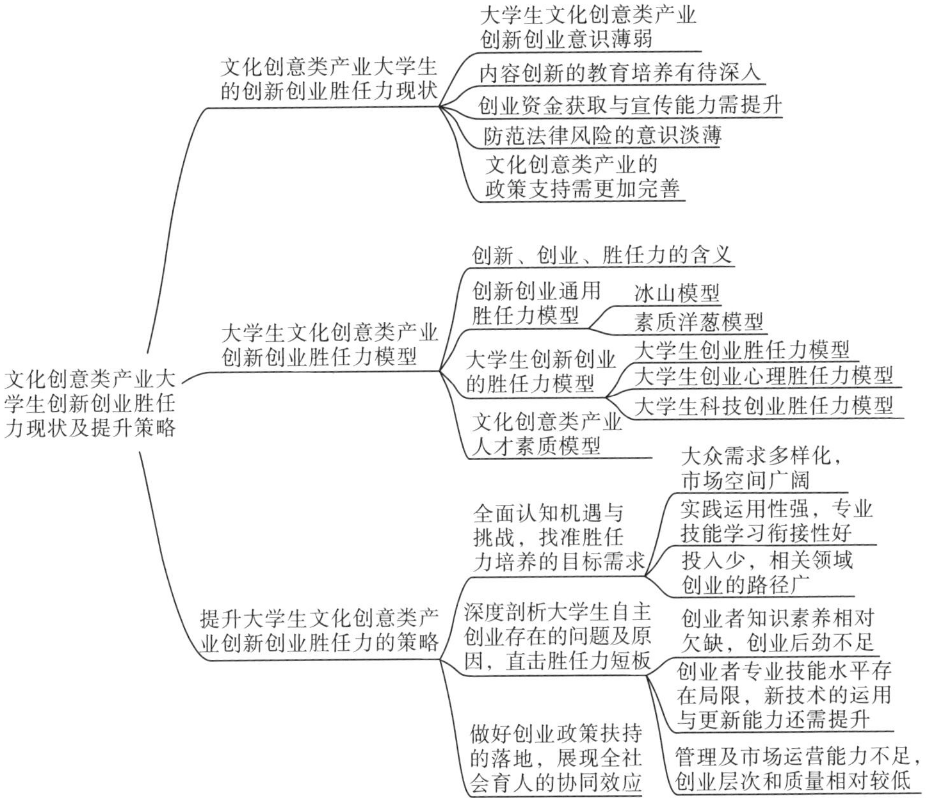

参 考 文 献

[1] 国务院办公厅. 国务院办公厅关于深化高等学校创新创业教育改革的实施意见[EB/OL]. [2015-05-13]. http://www.gov.cn/zhengce/content/2015-05/13/content_9740.htm.

[2] 赵玉石，曹一夫. 吉林省文化创意类产业园区发展问题研究[J]. 当代经济研究，2014，(12)：90-93.

[3] 万冰魂，杜小艳. 我国大学生创新创业现状、困境及对策[J]. 对外经贸，2016，(1)：129-131.

[4] Voushitun. 短视频大热，黑马梨视频获人民网 1. 67 亿元融资[EB/OL]. [2017-11-17]. http://bbs1.people.com.cn/post/23/1/2/165274389.html.

[5] 文劲松，姜东旭. 移动互联语境下的微影像浅析[J]. 传媒，2017，(9)：58-59.

[6] 王蕾. 自媒体时代对“内容创业”的批判思考[J]. 新闻界，2016，(22)：58-62.

[7] 郭伟威. 大学生创业融资模式研究[D]. 太原：山西财经大学硕士学位论文，2010.

[8] 钟吕. 中小企业创业融资有“补方”[N/OL]. [2012-07-17]. http://news.hexun.com/2012-01-17/143645715.html.

[9] 邢艳君，白羽弘. 大学生自主创业融资渠道的选择[J]. 中国外资，2013，(8)：177-178.

[10] 王智金. 金融危机背景下大学生创业问题的探究[J]. 教育与职业，2011，(11)：97-99.

[11] 吴运霞，刘宇，江晓明. 大学生自主创业的投融资问题[J]. 统计与决策，2006，(15)：113-114.

[12] 李志良. 贵州中小企业融资问题研究[D]. 贵阳：贵州大学硕士学位论文，2006.

[13] 曹兴. 风险投资运作机制与中小企业发展[J]. 中南大学学报，(社会科学版)，2000，(4)：308-311.

[14] 李保明. 技术机会与技术创新的决策[J]. 科学管理研究，1990，(5)：61-62.

[15] 王建农. 试论大学生自主创业方式研究的必要性及实用价值[J]. 中国大学生就业，2014，(22)：3-7.

[16] 夏昊，张文明. 基于胜任能力鉴定的素质测评技术研究[J]. 人力资源管理，2010，(9)：52-53.

[17] Boyatzis R E. The competent manager：a model for effective performance[J]. Competent Manager A Model for Effective Performance，1982，9：80-82.

[18] 冯明，尹明鑫. 胜任力模型构建方法综述[J]. 科技管理研究，2007，27(9)：229-230.

[19] 李莉. 胜任能力体系的发展与应用研究[D]. 武汉：武汉大学硕士学位论文，2003.

[20] Man T W Y, Lau T, Chan K F. The competitiveness of small and medium enterprises：a conceptualization with focus on entrepreneurial competencies[J]. Journal of Business Venturing，2002，17(2)：123-142.

[21] 王少华. 人力资源管理的基石——胜任素质模型[J]. 首都经济贸易大学学报，2005，7(1)：54-56.

[22] 周瑜杰，曾霁. 基于胜任特征理论的绩效改善[J]. 管理观察，2010，(23)：121-122.

[23] 蔡瑶琪. 基于胜任素质的培训体系构建研究[D]. 南昌：江西师范大学硕士学位论文，2009.

[24] 王肖婧. 麦克利兰的素质模型[J]. 管理学家(实践版)2009，(3)：61-64.

[25] 陈磊. 基于就业视角的学生素质结构研究[D]. 济南：山东大学硕士学位论文，2010.

[26] 庞晓玲. 素质模型在企业员工职业生涯管理中的应用[D]. 北京：华北电力大学硕士学位论文，2010.

[27] 刘晓苏. 论素质模型理论对党政领导干部素质建设的启示及应用[J]. 学术论坛，2007，30(6)：58-61.

[28] 张登印，李颖，张宁. 胜任力模型应用实务：企业人力资源体系构建技术、范例及工具[M]. 北京：人民邮电出版社，2014.

[29] 彭剑锋. 员工素质模型设计[M]. 北京：中国人民大学出版社，2003.

[30] 彭志武. 大学生创业胜任力：制约因素与提升路径[J]. 大学教育科学，2017，(1)：94-97.

[31] 王丽萍，廖佳玲，罗嘉慧，等. 大学生创业胜任力实证研究[J]. 中国大学生就业，2012，(20)：37-42.

[32] 邓丽芳，刘祖良，慕丽伟. 大学生创业心理胜任力的特征与培养模式研究[J]. 学术论坛，2012，35(9)：204-208.

[33] 洪江涛，杨晓雁，施可人，等. 大学生科技创业者胜任力的实证研究[J]. 中国管理科学，2016，(11)：807-813.

[34] 王刚，牛维麟，杨伟国. 文化产业创意人才素质模型研究[J]. 国家行政学院学报，2016，(2)：117-121.

[35] 赵曙明，杜娟. 基于胜任力模型的人力资源管理研究[J]. 经济管理，2007，(6)：16-22.

[36] 韦志江. 大学生创业问题分析及对策研究[D]. 桂林：广西师范大学硕士学位论文，2014.

[37] 周伟，黄祥芳. 高校创新创业教育课程体系研究[J]. 合作经济与科技，2012，(16)：92-93.

[38] 刘刚. 创新型创业活动与中国经济的结构性变革[J]. 社会科学辑刊，2014，(5)：93-103.

[39] 刘沁玲. 基于创新型创业个体特质分析的高校创业教育改革新思路[J]. 学术论坛，2011，34(5)：184-189.

[40] 冯丽. 创新型创业与经济增长的关系研究[D]. 济南：山东财经大学硕士学位论文，2014.

[41] 买忆媛. 企业家的工作嵌入与创业机会开发[M]. 北京：科学出版社，2009.

[42] 兰建平，苗文斌. 着力扶持创新型创业发展——从创新型创业的内涵与特征谈起[J]. 浙江经济，2007，(17)：26-27.

[43] 陈要立. 基于胜任力模型的文化创意类产业人才培养模式研究[J]. 经济问题探索，2011，(8)：129-133.

[44] 刘奕，马胜杰. 我国创意产业集群发展的现状与政策[J]. 学习与探索，2007，(3)：136-138.

[45] 谢春艳，杨军，王丽萍. 文化发展与高校哲学社会科学研究的思考[J]. 高教探索，2012，(3)：108-111.

[46] 胡林，雷宇. 维权成本高 周期长 举证难 赔偿低 大学生创业者专利维权何去何从[N]. 中国青年报，2017-6-21(5).

第五章　大学生文化创意类产业创业模式概述

文化创意类产业具有“轻资产”特性，相对高科技、制造类产业，文化创意类产业领域的创业因为投入少、收入高而为大学生创业者所青睐。由于产业属性本质上的不同，文化创意类产业价值链的创造和价值传递的核心在于“创意”[1]。创意以内容为载体，依托平台进行传播，进而产生衍生和扩散效应。作为西部文化创意类产业园建设的先行者，成都市红星路35号创意产业园于2008年底正式投入使用后，率先于2009年挂牌成立“锦江区青年(大学生)创意园・创业园”，开始履行作为大学生文化创意类创业孵化园的职责[2]，其运营和管理经验也成为各地高校开展校企创业合作，尤其是文化创意项目转化的有益参考。基于此，本章结合相关理论研究成果和文化创意领域创业者的实践，介绍内容模式、平台模式、衍生模式等适宜大学生创业者的文化创意领域的创业模式，为有志从事文化创意类产业创业的大学生创业者和团队提供参考。

第一节　内容模式

在媒介融合的时代，新媒体的内容生产面临着“多终端化、产品社区化、生产主体多元化”的变革挑战[3]。细分的行业领域对高端、优质数字化内容的需求呈现急剧上升之势。IP电影市场的繁荣，一定程度上也折射出大众对文化创意类产业内容生产的市场偏好和旺盛的产品需求。一方面，大众审美情趣和品味的提升及对作品质量近乎苛刻的高标准，促使创作门槛再度提高；另一方面，众多文化创意类产业的生产者和企业在快速更新的时代仍在寻找定位，还未完全适应快速响应的市场生存法则，存在的市场空间需要填补。正是如此，基于内容生产的文化创意领域创业模式开始崭露头角，“内容为王”成为移动互联网时代文化创意类产业的关键词，悄然爬上“热搜榜”。据相关行业报告，基于产业发展的需求，将文化创意类产业的内容产生的来源分为内容生产和内容创作两大类。其中，内容生产注重加工与制作，主要包括改编类内容生产和机械化流程式的内容生产，可分为文本、音频、图像、视频及互动内容五大类[4]。然而，内容创作则强调创意或作品本身的原创性。

一、知识产权改编类内容生产

通常来说，狭义的 IP 指具有自主 IP 的文艺作品；广义的 IP 被认为是在 IP 文本上进行改编形成的艺术品[5]。作为文化创意领域的新兴潮流，电影、动漫、电视、网络文学等多种形式融合，逐渐突破原有的传统电影生产界定，创造出中国式娱乐 IP 运营的新类型[6]。

得益于“粉丝经济”所产生的强大吸引力，改编原著产生的不仅是作品从文字到立体的电视剧或电影影像在表现形式上的变化，以及由之所带来的客观市场经济效益，还通过剧本将原著的粉丝集聚为社群，进而成为改编剧潜在且稳定的观众群体。制作方通过前期的预告片等形式进行市场预热，在剧作尚未正式推出之前便先声夺人，抢占市场。分析目前国内影视行业 IP 盛行的现状，高票房的影片通常是一个 IP[7]。与电影业 IP 之风盛行相对应，IP 的流行也影响到了电视剧行业。

国内 IP 剧的诞生可追溯到 21 世纪初，2004 年播出的《仙剑奇侠传》拉开了原著改编影视作品的序幕[5]。随着《琅琊榜》等热播剧的上映，IP 一词迅速被大众所熟知。2017 年初，多部 IP 剧抢占银屏。其中，《三生三世十里桃花》以精良的制作让投资方获得好口碑的同时，网络总播放量超过 300 亿次，让参与制作的嘉行传媒获得了 25%的投资收益回报，一时间，公司估值超过 500 亿元。与之类似的案例还有《盗墓笔记》，这部久负盛名的小说最初刊载于网络，后在 2007～2011 年以系列书籍的形式出版，作者南派三叔也凭此小说跻身于国内畅销小说作家行列。

2015 年起，IP 一词为大众耳熟能详，投资者纷纷抢占市场，甚至以天价买断，囤积大量的 IP 资源。巨大经济利益的推动导致整个行业导向发生了明显的变化。一时间，生产者赚得盆满钵满；各大影视、艺术学院学生也纷纷以创作和从事 IP 剧的生产为荣。但值得思考的是，真正制作出并推广到市场的优质作品却与大热的行业情形形成鲜明反差，究竟原因何在？

在影视行业专家与学者的对话中，我们发现，相较于市场对 IP 的追捧，学者的态度显然理性得多。例如，2015 年，清华大学新闻与传播学院尹鸿教授与制片人、文学指导王旭东及制片人陈洪伟围绕“IP 转换兴起的原因、现状及未来发展趋势”进行了深入对话，他们认为，IP 热潮兴起与互联网时代的环境有关，甚至从严格意义上来说，可以认为当下大众所接受的 IP 概念是互联网时代的产物。与以前更多集中在创意上的改变不同，现在时兴的 IP 热集中在市场层面。其概念内涵中“有影响力”“价值”均是通过互联网的特征予以充分体现、放大及扩散的。原著者在网络上发表的小说能吸引大批粉丝，并让他们聚集在一起，庞大的粉丝群成了市场用户规模的评价指标，客观上反映出互联网的强大,即促使电影市场规模扩大、投资的资金蜂拥而入和从业人员激增的现实，在此情形下，IP 顺应成为连接体。尽管 IP 市场火爆，但要转化为优质的电影作品还需要高技能的团队。现在市场上同题材的 IP 竞争趋势加剧，有的领域呈现出白热化之势，而这样的竞争实质并不利于影视市场的健康发展。真正的良性循环应该建立在对 IP 的价值转换之上，而在这个过程中，如何突破原有粉丝群的局限，增加新的受众是关键[7]。

二、智能时代机器化的内容生产

人工智能的广泛运用，引起各行各业从生产流程到组织设计的一系列深层次变革。自然地，在这股巨大的创造力推动下，文化创意类产业领域也不可能置身事外。传统的文化创意类产业领域，如文本编辑、图像处理等大量靠人力完成的基础工作，确实存在环节上的重复性劳动。这也为人工智能技术的行业运用提供了可能的空间。应当看到的是，无论是人工智能理念还是技术运用，本质上都是为人类的生产和生活同时做“减法”和“加法”的优化及服务。前者是以先进技术为前提，改造关键性流程,提高生产效率，将人们从繁重的日常中解放出来。后者通过认知的提升，促进人类与自身的对话，更深层地理解自我，唤起人们内心对本真的认识，追求并实现“近乎完美”的理想状态。

机器学习推动人工智能成为当下最重要的通用技术。数据的完备和快速学习的结果是，在新闻行业领域，机器人的工作效率已远超过普通工作者，甚至已达到资深记者产出效率的 10 倍[8]。计算机生成内容在新闻传播领域已相当普遍，与专业新闻记者生成内容、用户生成内容共同构成数字化新闻信息的主体[9]。

在文化创意领域，人工智能已呈现出显著的优势和巨大的发展增长潜力。但从目前机器学习的速度和质量来看，获得一如大众所需的优质创作类作品，人工智能现阶段的运用还存在局限。因为，人工智能的运用原理是将任务转化为预测问题，在已经出现的文字基础上，通过已有数据库的数据和模型预测下一个词语。这也就意味着，现有类似新闻稿的写作还建立在确定的模板基础之上，而如果要机器人完成一篇逻辑合理的文章，不仅需要海量的数据作为学习基础，更需要从叙述风格、故事情节上给予更多的训练，帮助写作机器人将故事写得更为生动[10]。

可见，无论是 IP 改变内容生产，还是智能时代机器化的内容生产，依然存在大量尚需完善的生产流程和改进的技术环节。前者涉及 IP 的整合推广，其内涵和模式将在第三节中予以介绍;而后者从本质上来说属于内容创作，是真正意义上的智力化生产的产品输出过程。而这些恰好是大学生从事文化创意类产业创业的市场机会。

三、内容创作

文化创意类产业本质上是一种创意经济[11]，其发展的要义在于内容创新[12]，而内容创新的关键和根基在于创作。如前文所述，IP 改变同质化作品实际也客观映射出当下在文化创意领域内容创作质量不足的现实问题。回应和解决这个问题的出口在于探索适宜内容创作的有效路径，呈现厚重和深刻的思想、展现当代人精神的审美观、传承文化、表达时代精神等[12]，这些都为内容创作提供了丰富的素材。

艺术源于生活，内容创作更是离不开生活和周遭环境的启发。与此对应，高校的艺术教育实践、多姿多彩的校园文化活动为大学生进行内容创作提供了灵感来源。青春的涌动、天马行空的想法通过作品呈现，在教师指导下，这些从创意到雏形的作品展现出年轻创作者独有的气息，而谁又能说这其中不会产生未来的大师级作品呢？

如果说高校的创作实践是内容创作的第一站，那么，行业、高校的联动，校企间关于创作理念、技艺和方法的交流合作，将帮助大学生创作者把想要表达的创作与市场和受众进行更好的对接。高校应重视学生自主学习，激发学生的创新创造能力,将学生的自主学习成果纳入学分认定，要求学生在校期间应参加学科竞赛、学术活动、科技竞赛、创新创业活动，鼓励学生积极投身于创新活动。

成都理工大学传播科学与艺术学院进行了积极的尝试，学院重视实践教学，强化学生艺术与传媒创作能力的培养，实施以作业—作品—产品为路径的教学改革。给学生创作的空间，鼓励他们脑力激荡，把“平凡”变为“不平凡”。学院按照学科与专业建设的特点，确立以新闻与传播、戏剧与影视、设计、音乐与舞蹈、教学展示与创演等五大类为基本的实验教学模块，以专业基础实验、综合实验、创新实验项目、交叉融合型实验项目为主要课程集群，“以创作促教学”“以公开考试检验教学”为综合、开放、多元的实验实践教学体系。这体现了以课堂实验为基础、综合性实习课程为核心、交叉融合型实验项目为特色、创新型实验项目为最高标准的培养思路，注重学生基本技能、综合能力与创新素质的协调发展。学院依据实验课程的特点及创新型拔尖人才培养的需要，建立了“开放式、个性化、项目化”的艺术与传媒实验教学模式，强调学生利用新媒体艺术素养与技术能力，实现了多媒介艺术综合创意素质的培养。学院所有实践性课程面向校内外公开考试，学生作业直接面对受众并接收检验，体现了艺术与传媒专业课程考核的本质要求，促使学生形成积极创作优秀作品的良好风气。学院鼓励学生参加高级别学科竞赛和各类专业活动，并强调课外参赛活动和课内实践相结合，以规范化、专业化的学科竞赛和行业活动促进课堂教学的变革，引导学生将课程作业转化为作品，进而形成具有市场竞争力的产品，实现创新型人才培养目标。

内容创业模式主导作品制作，以创意为核心，强调内容本身的影响力，选择此种创业模式，创业者需具备较高的创意设计及开发能力。选择内容创业模式的创业大学生的核心竞争力在于内容质量，借助富有表现力的创作技术与方法，通过先进的呈现方式与手段，致力于内容本身的品质提升。

微分享

怀有一颗童真的心，这是我们的创作

追求新奇、喜欢华丽而精美的包装是很多大学生进行创意设计的共性。诚然，把有创意的想法转化为作品或产品，外观上光鲜亮丽的风格的确可以吸引到特定的消费群体，但去除外表之后，创意本身的实用性、其作品或产品的价值将如何体现？实际上，生活中的创意元素往往会给人不一样的惊喜。把平常的事物、熟悉的东西改造成焕然一新的事物，需要的是对生活的热爱。

一次偶然的机会，成都理工大学传播科学与艺术学院视觉传达设计专业的学生们发现，闲置的资源原来也可以用来创作。在经过与专业老师的讨论和商议后，他们决定用“旧物改造”的思路，让“旧物”变得可爱一点，重新焕发价值。经过他们的巧手，改造后的创意作品变得生动起来，成为了学校艺术大楼一道亮丽的风景。这些作品还被学校推荐参加“2017 年四川省大学生艺术节”，并荣获二等奖(图 5-1、图 5-2)。

图 5-1　成都理工大学传播科学与艺术学院视觉传达设计专业学生“旧物改造”创作的作品掠影

图 5-2　“阿尔特图创校园——绿色共建”参加“2017 年四川省大学生艺术节”工作坊展演

第二节　平台模式

从创业者的角度而言，“互联网+”提供的不仅是创业意识、创业思维，相较于以往的创业者在初创期受到的资源和环境约束，在助力创业者进行创业实践的过程中，互联网经济原理机制降低了创业难度，帮助新创企业进行了资源构建[13]，其中部分创业者选择了平台创业模式，发挥了网络组织的连接效应(内外部的直接或间接连接)[14]。平台创业行为不同于正向的基于生产方为起点的创业模式，而是从终端反向推进，属于非线性跨层创业[15]。

一、微信公众平台创业

传统的创业企业注重资源的积累和获得，其发展路径较为单一。互联网的兴起给单一的创业发展模式提供了多种可以选择的路径。由新兴企业发展的实践表明，在中国传统的强关系网络下，新创企业要获得发展，需要突破资源瓶颈。管理实践的需求促进理论研究的兴盛，学者就中国文化下的创业企业发展路径展开大量研究后发现，通过互联网链接的社会关系正发挥着日益重要的作用。在现实的社会交往中，人与人的相互连接构成立体、交错的空间网络，这种网络包含连接的强度、连接的多元性、连接的持久性和连接的互换性，社会关系网络理论成为企业新的资源配置方式[16]。移动新媒体时代产生的微信，是基于 QQ 好友和手机通讯录建立的社会化信息交互平台，因其交流信息更真实、更频繁[17]，在推出市场运用后迅速风靡，形成的朋友圈具有“小世界传播”的特征，且经过朋友圈“叠加”后的传播效果更加突出，形成“远播”效果[18]。使用者倾向于在“圈子”里寻求可靠的信息来源，改变消费方式、提升生活品质[19]。据腾讯公司在全球合作伙伴大会上发布的《2017 微信数据报告》，截至 2017 年 9 月，公众号月活跃账号数达到 350 万个，公众号月活跃粉丝数达到 7.97 亿个[20]。

一方面，如此庞大的数据体量，使微信公众平台成为创业者活跃的聚集地，而微信营销成为网络经济时代企业的创新营销模式[21]；另一方面，成长于网络时代的 90 后、00 后“网络原住民”对网络的高度依赖，以微信为代表的社交软件已成为他们生活中不可或缺的部分，他们与社交网络代表的人际交往圈子“天然”的亲近感为平台创业提供了有利的条件。

与传统创业模式、通常的电商创业模式相比，微信创业具有较为明显的优势。相关研究表明，大学生使用微信“同辈群体影响”显著[22]。大学生群体在现实社会交往的情况下也验证了理论研究的相应观点，这为创业者选择适宜的目标群体进行推广提供了前提。

大学生群体使用微信的热度为创业提供了好机会，年轻大学生创业者将目标瞄准校园市场。在校园创业的优势主要体现在三方面：第一，师生群体的人数本身具有一定的规模效应，满足网络平台创业的基本条件；第二，目标群体存在大量与校园生活相关的潜在需求，满足这些需求对大学生创业者而言可以实现初步的创业梦想；第三，与外部网络平台的物流配送相比，校园内的产品或服务派送更便利、效率更高，可在校园内开设实体店，提高消费者对产品或服务的信任感，使他们拥有更好的购物、消费体验[23]，这是大学生选择校园内平台创业的关键竞争优势。电子科技大学学生团队开发的“面聊”、成都理工大学创业学生团队运营的“微控理工”均属于此类，它们立足于校园用户，将师生的工作、学习需求作为平台建设的核心，与校园的点滴生活密切关联，获得用户青睐。

二、品牌社区型平台创业

据“社会关系强度对大学生微信知识共享行为”调研[24]，在大学生群体的社会网络差序格局中，朋友、亲属离个体关系最近；在大学生的社会关系类型中，多数属于“弱关系”，这种关系与“强关系”建立信任不同，更多的是帮助网络中的主体获得更为广泛的信息。

网络时代为大众提供了生活的便捷，已经在生活、工作等诸多方面逐渐改变了人们的思维、认知和人际交往的方式。在这些变革因素的影响下，传统学习和知识的获取路径也在悄然改变。例如，遇到不懂的问题，人们原来倾向于在书本上寻找解答，或是向长者、老师请教；而现在遇到类似情况，大部分人直接选择上网搜索答案。

面对大众对知识类信息的需求，百度定位于搜索功能，率先在网络上提供了类似“答疑解惑”的网络交流平台，获得了使用者的普遍认可和好评。但随着用户细致化需求的激增，与对专业化知识的渴求及人们自我意识的觉醒和自我认同感的提升，新社区交流平台如雨后春笋般地出现。例如，知识型问答社区“知乎”获得了网友广泛的喜爱和推崇。

“知乎”创始人周源，于 1999 年考入成都理工大学计算机系，后进入东南大学攻读软件工程专业硕士。研究生毕业后，做过软件工程师，当过记者。初次创业做 Meta 搜索，2010 年创办“知乎”，出任 CEO。2011 年，进入“创新工场”，获得徐小平、蔡文胜等知名天使投资人的投资。2017 年 1 月，完成 D 轮 1 亿美元融资。截至 2017 年 5 月，“知乎”注册用户达到 8400 万名。尽管发源于知识型社区，但“知乎”的发展并不局限于此，与互联网发展的“进化基因”类似，“知乎”的发展从最初的“邀请制问答社区”演变为“面向知识消费者和机构伙伴的大型知识平台”。立足于为用户提供“有价值的信息”，对知识生产和需求提供合理匹配，注重搭建有生态影响力的企业发展架构[25]，这些都让“知乎”的发展更纯粹，也让其在用户心中形成了卓尔不凡的品格。

平台类创业模式依托于用户的社会网络建立产品或服务的品牌效应，注重创业者渠道的拓展和推广能力，创业企业的运营落脚于类似社区的同质化群落，用户具有一定的共性，维系社群的活跃度、制作用户关心和感兴趣的话题是平台创业可尝试的路径。

微分享

校园平台创业项目的产生

回顾“微控教育”咨询平台的产生，联合创始人曹华麟和谢明宏为我们还原了当时的情景。项目创意产生于两人的讨论。对创业相关资讯有敏锐嗅觉的两人，从“网约车”大战中依稀嗅到了资本的味道。他们发现，创业项目发展的逻辑链条都基于用户数量和一定的商业资源，按照这样的逻辑迁移，对高校的学生群体而言，除了生活所需，学习和社交是大学生们关注的重点，存在较大的需求空间。学生们从大一开始，有英语四级、英语六级、计算机二级、各种职业资格证书、考研、雅思托福、考公务员等学习需求，到大四，学生们在就业前还会选择各种类似语言表达、Office 软件等能力提升课程。而目前市面上较大的培训机构，几乎都是先付费后体验的模式。如果，在学生们学习和培训的过程中加入一个环节，既可以在服务质量上与外面的培训机构有所区别，又能更好地关注大学生群体的需求，这种模式就有存活下来的可能。

顺着这样的思路，曹华麟和谢明宏将创意放到了“平台”这个点。他们认为，一个平台，像淘宝和支付宝一样，对商家起着监督作用，学员们的费用并不是直接付给商家，而是先交给平台，通过协议形式对商家的服务质量与服务态度做出要求，达到约定的效果后，由平台支付费用，这样对商家的监督力度会更大，给用户也带来了更多的保证。于是，说干就干，一个立足于服务校园学生学习需求的培训平台——“微控教育”应运而生。

第三节　衍 生 模 式

移动互联网时代商业模式的推陈出新，在降低创业门槛、为更多年轻创业者提供实现创业梦想的同时，实质也对创业者本身的能力、素质有了更高要求。与传统创业时代不同的是，无论是产品设计，还是市场推广，能够获得消费者青睐的设计、产品需具备独特之处，方能唤起消费者的共鸣。在大量的创意产品、平台模式出现后，如何保持进而提升新创企业的竞争力，是文化创意领域创业者应当考虑的关键。

《花千骨》起初在湖南卫视的周播剧平台播出，网络首播突破2亿，播放9周总量突破120亿[26]，剧目收官时获得全国网21.11%的份额、57.6%的忠实度、双网收视均突破2.5%的成绩[27]。但《花千骨》并未止步于此，在电视剧市场反应火热的同时，同名手机游戏火热上线[28]，这部最初的网络小说成功实现从网络走向电视，再到游戏市场的纵向扩张，成为近年来文化创意类产业衍生模式发展的代表性案例。

一、价值链增值创业

创意产业高度增值的空间在“微笑曲线”的两端，通过右端的品牌、服务，左端的渠道，复合文化或创意内涵，以品牌或商业化服务提高产品附加值[29]，为创意型产品或服务提供互补性是常用模式。

迪士尼集团主营业务涵盖影视娱乐、主题公园、互动媒体等，版块之间形成互动，提供的产品及服务具有共生性。在集团母公司的协调下，各部门以不同方式(如高票房电影线下同步推出周边纪念品、电影原声唱片等)开发推广 IP，尽可能使商业利益最大化[30]。

《花千骨》的成功，也沿袭了好莱坞电影 IP 开发与运营的模式。在内容 IP 和数字技术的牵引下，通过双向甚至多向改变的方式，淋漓尽致地将影视和游戏产业之间的互动转化呈现出来[31]。

二、企业外衍生创业

衍生创业出现于富有经验的高管人员离职创业的情形中。创业者(创业主体，包括团队)在创业前后与母体组织保持着资源和能力方面的密切联系，从母体组织中获得、继承转移来的资源及行业专用知识，使得新创立的企业具有明显的竞争优势，创业绩效通常较好[32-37]。衍生创业可以降低机会主义行为风险，激发组织内的创业家精神，还可促进原有企业在新的环境下持续进化[38]。

衍生创业的优势之一是降低风险，而衍生创业需要具备丰富的资源网络。对于新创企业者而言，积累资源需要时间。有效的方法和路径是在大企业内部的创业中寻求，熟悉业务流程，以“精益创业”的形式[39]训练管理和运营能力，完成从“0”到“1”的累积。

衍生创业模式尚属新鲜事物，是从创业企业运营和管理中淬炼而来的，其本身是在“母体”企业原有基础上的进化。与基于创意为核心的文化创意类创业具有相似基因，衍生创业模式注重创业者的思维开阔性，强调对产业链各环节、行业关键性知识等资源的整合能力。创业者在设计该模式的创业路径时，应注意在核心产品或服务基础上的系列化产品或服务的互补性，创造性地使用“可迁移”资源，打造创业企业的核心竞争力。

微分享

文化创意领域企业的竞争力

2016 年，在《财富》杂志公布的世界 500 强企业中，与文化创意类产业相关的大连万达集团等企业上榜。梳理这些企业的发展优势，与 BAT 企业具有“异曲同工”之处，不局限于做内容生产和渠道搭建等，而是聚焦于某一特定形态的文化创意开发，通过优势产业建立产业链，进而形成行业生态圈。

例如，万达集团依托地产开发积累的品牌效应和资源，发展电影院线、文化娱乐等集团业务，旗下的万达文化产业集团是中国最大的文化企业、世界最大的电影院线运营商，也是世界最大的体育公司[40]。

上述企业的成功，深刻揭示出互联网思维跨界、融合与创新的本质和内涵。企业以既有的优势品牌和主营业务为核心，逐步扩张和构建起产业生态，形成更多产生利润的附加产业增长空间。这不仅进一步地延伸了原有产业的价值链条，也能形成规模化的产业聚合效应，在为企业降低运营风险、提升原有品牌价值的同时，为企业稳定持续竞争优势提供了动力来源。

第四节　“文化创意+”跨界模式

“文化创意+”代表一种文化创新创造思维与社会资源结合产生的经济形态，它将文化创新意识与成果深度融合于社会经济各领域中，提升文化创意企业的经济创新力和生产力，构建一套以文化创意为核心的新市场体系，这是文化创意类产业未来的发展方向。

文化创意与现代制造业、旅游业、生产服务业、网上贸易等的融合创新，形成更加人性化的产业新形态，打造新型的文化创意类产业增长点。如同互联网发展高阶形态的跨界融合，文化创意类产业与各行业领域的交互，不仅是互相借力，发挥各自行业竞争优势的有效途径，也是聚焦区域特色，增强区域新经济发展动力的策略之选。

从文化产业开发的角度将非物质文化遗产与文化创意类产业相结合，不仅可以建立起对区域非物质文化遗产的有效保护[41]，让这些宝贵的文化遗产在新时代中得到传承，焕发新的生命力[42]，还能融入区域文化创意类产业发展的圈层，提升区域文化的内涵和品味。高校在保护地方文化方面具有得天独厚的条件[43]，同时发挥其培养人才和服务社会的职能，使其可以成为承接非物质文化遗产保护与文化创意类产业开发的纽带。

四川历史文化悠久，川剧、峨眉盘破门武术[44]皆为瑰宝。在四川大力发展文化创意类产业的背景下，如何将非物质文化遗产与区域创意产业有机结合，是打造富有区域特色的关键，这为大学生的创新创业提供了机遇。

“文化创意+”创业属于生态圈层的创业模式，关注系统的顶层设计，强调行业的联盟以获得持续竞争优势。创业者可通过与政府、行业优质资源的合作，建立优势互补、合作共赢的创业联盟，为创业企业发展赢得政策、资源的最优化配置。

微分享

文化创意联盟，合力才能共赢

在“双创”背景下，高校承担的人才培养和服务社会的职责驱动其深入地探索更适宜的发展道路及改革路径。发挥得天独厚的智力资源优势、建立成果转化的机制、畅通转化的渠道成为各高校发展的共识。大学产业园具备贯通创业教育理念和实践、打通高校和市场的通道，承担信息沟通与发布、整合与优化资源等“孵化”功能，为大学生文化创意领域创业者和团队发展提供内容和商业模式上的可行性分析与建议，帮助他们通过产业集群化和规模化的孵化方式，获得更大的成长空间。与此同时，在区域经济发展的战略布局和规划中，大学的智力资本优势作用突出，社区、区域的产业园在功能承接、产业升级服务等方面继续延伸，与高校自身的科技园、产业园在服务方面形成有效呼应，在助力大学生文化创意类企业发展中，承担“升级”功能。

区域经济转型升级需要基于文化创意类产业资源整合做产业的优化、重组和改造，发挥区域优势、打造文化创新资源产出平台。文化产业园区建设的重点是选择正确的集聚模式，这也是发达国家成功的重要经验。目前我国文化产业创意园区的发展主要模式有以下三种。一是打造特色型园区。以某个行业和某种鲜明的特色服务为基础，围绕行业和服务亮点打造园区品牌。二是打造综合型园区。以工业园区为基础，着力引进文化创意类产业新形态，促进文化创意类产业和其他产业之间的互动发展。三是打造原创型产业园区。以原创艺术和原创动漫为重点，促进原创文化创意类产业的集聚。

思 考 题

1. IP 内容生产的核心是什么？
2. 平台创业依据的理论基础是什么？其创业的特点有哪些？
3. 文化创意类产业“微笑曲线”实现的价值增值环节有哪些？

4. 衍生创业的优势体现在哪些方面？

5. 如何发挥文化创意类产业生产要素在区域文化产业发展中的作用？

本章思维导图

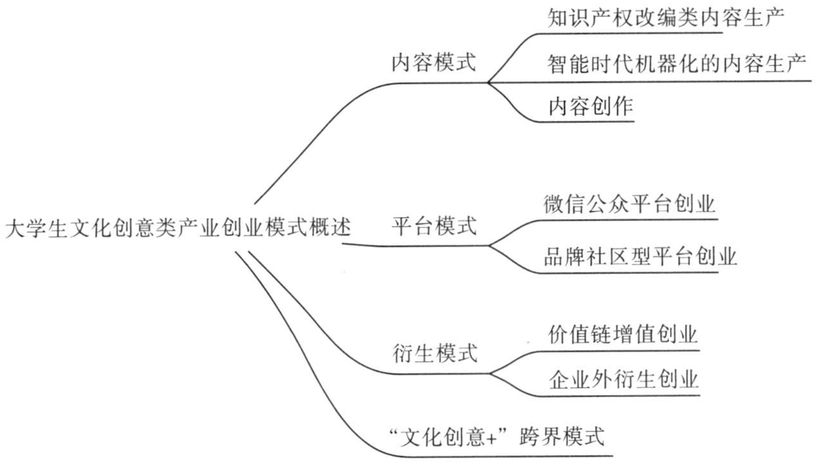

参 考 文 献

[1] 黄学，刘洋，彭雪蓉. 基于产业链视角的文化创意类产业创新平台研究——以杭州市动漫产业为例[J]. 科学学与科学技术管理，2013，34(4)：52-59.

[2] 朱亮，周志. “三顾”红星路——成都红星路35号创意产业园调查[J]. 装饰，2009，(12)：54-61.

[3] 方雪琴. 创意时代新媒体内容生产的变革与创新[J]. 河南社会科学，2011，(3)：166-170.

[4] 亿欧智库. 2017年人工智能+内容生产研究报告[R/OL]. [2017-12-08]. http://www.useit.com.cn/forum.php?mod=viewthread&tid=17376.

[5] 黄雯，孙彦. 美国漫威作品的叙事模式对我国电视IP运营的启示[J]. 中国电视，2017，(1)：86-89.

[6] 李博. “兄弟”跑上大银幕，凭什么让观众买账？[N]. 中国艺术报，2015-01-28(4).

[7] 尹鸿，王旭东，陈洪伟，等. IP转换兴起的原因、现状及未来发展趋势[J]. 当代电影，2015，(9)：22-29.

[8] 余晓洁，华晔迪，赵晓辉. 未来已来，中国人没有缺席[N]. 新华每日电讯，2015-11-23(6).

[9] 邓建国. 机器人新闻：原理、风险与影响[J]. 新闻记者，2016，(9)；10-17.

[10] 沃尔特·弗里克. 为何AI还不能写这篇文章[J]. 哈佛商业评论，2017，(10)：77-80.

[11] 龙真. 论文化创意类产业对文化产业发展的引领作用及其创新对策[J]. 中国出版，2016，(2)：53-56.

[12] 田川流. 当代中国文化创意类产业发展与内容创新[J]. 艺术百家，2013，(3)：29-34.

[13] 许佳荧，张化尧. 共性资源联盟与“互联网+”创业——基于创业者视角的多案例分析[J]. 科学学研究，2016，34(12)：1830-1837.

[14] Gawer A，Cusumano M A. Industry platforms and ecosystem innovation[J]. Journal of Product Innovation Management，2013，31(3)：417-433.

[15] 潘建林. 网络平台创业能力的内涵、维度及测量[J]. 高等工程教育研究，2017，(1)：48-54.

[16] 程恩富，彭文兵. 社会关系网络：企业新的资源配置形式[J]. 上海行政学院学报，2002，(2)：79-89.

[17] 刘颖，张焕. 基于社会网络理论的微信用户关系实证分析[J]. 情报资料工作，2014，35(4)：56-61.

[18] 王来华. 微信中舆情表达和传播特征：一个新舆论场的产生和作用[J]. 江淮论坛，2015，273(5)：144-146.

[19] 聂磊，傅翠晓，程丹. 微信朋友圈：社会网络视角下的虚拟社区[J]. 新闻记者，2013，(5)：71-75.

[20] 趣创无忧百家号.《2017 微信数据报告》——腾讯全球合作伙伴大会[EB/OL]. [2017-11-11]. http://baijiahao.baidu.com/s?id=1583734361060502358&wfr=spider&for=pc.

[21] 蒙菊花，蒙丽艳，韦宏超. 大学生微信创业模式及其路径研究[J]. 品牌研究，2015，(9)：284-285.

[22] 王玲宁. 采纳、接触和依赖：大学生微信使用行为及其影响因素研究[J]. 新闻大学，2014，(6)：62-70.

[23] 蔡葩. 基于大学生微信公众平台创业实例的校企合作新模式探讨[J]. 亚太教育，2015，(4)：184-185.

[24] 张敏，向阳，陆宇洋. 社会关系强度对大学生微信知识共享行为的影响分析[J]. 图书情报工作，2015，(23)：64-71.

[25] 李立. 知乎“进化论” 专访知乎创始人兼 CEO 周源[N]. 中国经营报，2017-08-27(32).

[26] 胡颖怡. 情似雨馀黏地絮——评 Fresh 果果的《花千骨》[J]. 中国现代文学研究丛刊，2016，(1)：197-200.

[27] 汤集安，任帅. 周播剧《花千骨》现象解读[J]. 电视研究，2015，(11)：78-80.

[28] 赵恩婕.《花千骨》从小说到电视剧再到游戏的创新[J]. 大众文艺，2016，(5)：174-174.

[29] 王发明. 互补性资产、产业链整合与创意产业集群——以动漫产业为例[J]. 中国软科学，2009，(5)：24-32.

[30] 彭侃. 好莱坞电影的 IP 开发与运营机制[J]. 当代电影，2015，(9)：13-17.

[31] 张斌，莫茵. 国产剧与电子游戏：从文本改编到产业联动——以《古剑奇谭》与《花千骨》为例的讨论[J]. 中国电视，2017，(10)：55-60.

[32] Agarwal R，Echambadi R，Franco A M，et al. Knowledge transfer through inheritance：spin-out generation，development，and survival[J]. Academy of Management Journal，2004，47(4)：501-522.

[33] Helfat C E，Lieberman M B. The birth of capabilities：market entry and the importance of pre - history[J]. Industrial & Corporate Change，2002，11(4)：725-760.

[34] Org Z. Employee startups in high-tech industries[J]. Industrial & Corporate Change，2001，10(3)：639-674.

[35] Eriksson T，Kuhn J M. Firm spin-offs in Denmark 1981–2000 — patterns of entry and exit[J]. International Journal of Industrial Organization，2006，24(5)：1021-1040.

[36] 张书军，苏晓华. 衍生创业企业的战略选择与绩效[J]. 研究与发展管理，2008，20(1)：18-25.

[37] 汪良军. 企业家、企业资源与衍生企业创业[J]. 商业研究，2007，(5)：86-88.

[38] 苏晓华，张书军. 企业何以衍生?[J]. 管理学季刊，2009，4(2)：18-32.

[39] 王圣慧，张玉臣，易明. 企业内部创业路径研究：以精益创业走出“战争迷雾”[J]. 科研管理，2017，38(3)：144-152.

[40] 今日头条. 重磅！2016 世界 500 强出炉，这家中国文化创意企业打败 BAT！[EB/OL]. [2016-07-21]. https://www.toutiao.com/a6309780054100934913/.

[41] 许瑜. 非物质文化遗产在高校德育中的运用研究——以泉州高校为例[D]. 泉州：华侨大学硕士毕业论文，2014.

[42] 陈久玲，林宪生. “非遗”与文化创意类产业对接模式探究[J]. 长春理工大学学报(社会科学版)，2015，(4)：81-84.

[43] 靖桥. 河北省非物质文化遗产在高校的传承与保护[J]. 河北学刊，2009，29(4)：230-232.

[44] 文烨. “非遗”视角下峨眉盘破门武术的发展历程与传承变迁研究[J]. 沈阳体育学院学报，2011，30(6)：126-129.

第六章　学生版的创业合伙人

每个新手都会从自己的教训中吸取经验，聪明人则从专业团队的帮助中获益！

——奥托·冯·俾斯麦（德国）

《中华人民共和国合伙企业法》颁布于 1997 年，并于 2006 年经第十届全国人民代表大会常务委员会第二十三次会议修订，《合伙企业法》第 2 条对合伙企业的定义是："本法所称合伙企业，是指自然人、法人和其他组织依照本法在中国境内设立的普通合伙企业和有限合伙企业。"第 17 条对合伙企业的协议约定是："合伙人应当按照合伙协议约定的出资方式、数额和缴付期限，履行出资义务。"[1]规范的法律保障高度灵活的企业形式给创业者带来了新的发展机遇。本章在"双创"背景下，以影视制作行业大学生创业合伙人的创业故事为线索，讲述学生版的创业合伙人在创业过程中的点滴，为该领域的创业大学生提供借鉴和参考。

第一节　创业背景及创业者简介

理论研究和创业实践表明，团队创业能帮助创业者更加理性地决策，从而降低创业风险。在创业维艰时，团队创业能发挥协同效应，激发创业者潜能，增强他们克服困难的信心和决心。相对于个人创业，团队创业在创业绩效上具有显著优势。对此，大学生创业者做出了明智选择。在新兴的创业浪潮中，他们通过合伙的方式对创业企业实施经营与管理。在充满挑战的创业路上，这些学生版的创业合伙人用心呵护着创业成果，未来或许真会出现下一个 BAT！

2016 年 4 月，经过对几种创业方式的慎重考虑，成都理工大学传播科学与艺术学院 2013 级广播电视编导专业的两名学生——周元、王健，赴四川省成都市工商行政管理局登记注册成都攀岩者文化传播有限公司，并取得营业执照。公司主营业务包括舞台搭建与设计、摄影摄像服务、策划文化交流活动等。随后，在路演活动和创新创业赛事中，团队中每个人的价值逐渐展现。公司创立至今，主要经历的重要发展事项如图 6-1 所示。

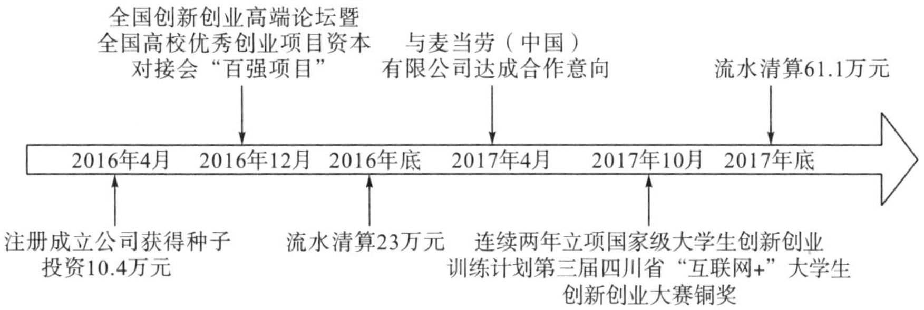

图 6-1　成都攀岩者文化传播有限公司发展大事记

第二节　创 业 故 事

创业要找最适合的人，不要找最好的人。

——马云(阿里巴巴集团董事局主席)

『创业意识成熟』

2015 年 11 月，成都迎来了全球创新创业交易会——第十届欧洽会暨 2015 成都全球创新创业交易会。被赋予“创业之城、成功之都”之称的成都，以此盛会成功吸引了全球目光。充满活力和创意的成都营造的良好创业氛围，鼓励大学生创新创业。当时，就读于成都理工大学传播科学与艺术学院的周元敏锐地意识到机会来了。周元出于对创新创业的浓厚兴趣，找到同学王健谈创业构想，尽管当时的他们还没有关于如何创业的具体想法，但受到周元创业热情的感染，王健便以极高的热情加入到其中。

由于开展业务需要，2016 年 1 月，周元和王健前去成都“东梦工厂”争取孵化场地，打算以此作为公司的办公场所。经两次拜访，他们仅通过前台了解到平台孵化的条件与政策，当他们第三次到前台工作人员处咨询时，被告知因项目缺乏创新且专业技术不强，并不符合孵化条件。初次“碰壁”之后，周元和王健完善了之前的项目计划书，将传统的影视制作项目统称为“多功能一体化影视服务”项目。经过精心准备，他们通过了龙潭总部经济城管委会创新促进部组织的答辩，并成功入驻成都市龙潭总部经济城大学生创业园。在评委们的评价中，其中一项内容写道：“此项目具有良好的发展空间，且该团队已开始盈利”。凭借团队的战略眼光、已有的优势资源使该项目获得了评委们的认可。周元团队与总部经济城签订了孵化协议后，团队获得了办公场地，但此时的他们已没有额外资金购买办公设备。恰逢成都理工大学传播科学与艺术学院举办大学生创新创业训练项目，即“种子计划”。周元和王健商议后，分别以负责人身份申请了创新及创业项目各一项。他们用学院支持的立项资金进行了第一次投资，用于购买部分专业设备。

『“十面埋伏”的创业旅程』

在前期的创业过程中，因为在读学生的身份，周元和王健还需兼顾学业，两人只能利用课余时间负责新婚夫妇的婚礼摄像。根据摄像所采用的设备和技术不同，酬劳在 200～1600 元不等。当看到婚庆市场的巨大潜力后，周元和王健商量后决定组建逆时针影视传媒工作室，并吸纳了第三名合伙人小岳加盟，随后小岳又陆续邀请了两位朋友加入，新加入的两人分别担任市场总监及技术总监。五名合伙人在沟通协商后，确定将影视制作作为公司的主营业务。因团队之前购买的佳能 60D（半画幅单反）仅能满足低端摄影、摄像市场的需要，而婚庆高端市场要求的设备（全画幅单反）价格昂贵，如果拍摄需要这类设备，他们就只能四处借用或租赁，这意味着工作室要购买此类开展高质量业务的专业设备需要增加业务量以积蓄资金。一个月后，周元他们拿到了第一单大业务，负责拍摄四川省 2016 年艺术类招生考试宣传片。眼看着公司业务逐渐走上轨道，而新的问题又随之产生。因为合伙人之间对工作室未来的发展思路产生了分歧，其余三名合伙人脱离了团队独立发展，周元和王健则留下来独立运营工作室，在2016年4月，工作室升级为正式公司，注册公司名为“成都攀岩者文化传播有限公司”（以下简称“攀岩者”）。

在公司成立前期，因为刚起步，周元他们没有经费投入宣传。于是，周元和王健两人骑着电动车开始四处转悠，找寻有无廉价、可用的宣传物资。细心的他们观察到龙潭总部经济城的外宣展架，上面的宣传海报已经过期，那么展架是否可以借用？在征询管委会意见并获得对方同意后，他们用现成的展架挂出了公司的宣传资料。因为是初创公司，缺钱、缺人，周元和王健约定再苦都要坚持下去。没人，那就一人分饰多角色。同时，也为了省钱，他们扮演着团队的引领者、市场专员、项目专员、工人等多种角色。谈到当时的处境，周元用“四面楚歌，十面埋伏”来形容。他说，“初创期的大学生创业企业特别艰难，每一个决策和想法都会影响团队的生存，合伙人之间的每一次不顺畅沟通都可能导致团队解散。需要合伙人间的高度信任与彼此坦诚。”作为执行者，王健表现出了他在管理和沟通工作上的优秀才能。有一个项目负责人是周元的朋友，他在和王健对接后并没有与王健直接沟通，而是把问题告诉给了周元，当问题从周元处反馈给王健时，周元并没有意识到自己干涉了王健的工作，还造成项目执行中两人的误会。当晚，王健要求与周元见面沟通，此时已是 22:10。两人见面后，开诚布公地告诉对方自己处置这件事情上的初衷，彼此敞开心扉后误会消除，问题迎刃而解。“遇事不隔夜”是王健一直坚持的工作原则。不仅如此，作为公司的总经理，王健坚持将每项管理制度执行到位。曾经一名员工因迟到一分钟被罚，当找到王健求情时却被批评了一顿。因为在王健看来，新创企业的员工消极散漫不仅会影响个人业务的正常开展，其工作态度和工作状态更可能会腐蚀团队。尽管王健在公司内部员工的管理上要求较为严格，但并没有彻底解决学生创业团队发展过程中的“致命”问题：工作时间不充足、专业技术水平不过硬、产品营销社会经验欠缺。当公司同期实施的项目越来越多时，上述这些问题也逐渐显现出来，导致项目达不到市场要求，成堆的文件和项目问题也让“初生牛犊”的他们感到疲惫不堪，一段时间内，公司近乎瘫痪。

创立公司时，尽管周元、王健两人有过明确的管理分工，即周元主外、王健负责内部管理，但看到公司面临的管理困境和团队成员的焦灼状态，周元主动找到王健，提出了制度化经营、程序化运营的建议。两人彻夜恳谈后，王健全盘接受了周元的良好意见。在开展业务的同时，公司根据具体的管理和运营情况开始制定表格，包括业务流水清单、项目执行清单等。当琐碎的工作流程被梳理和规范化后，原本繁杂的工作逐渐有序起来。然而，两人还没歇口气，新的问题又来了：首席策划师小冯提出离职。作为公司第一个全职工作人员，小冯因难以找到工作发展与生活之间的平衡，倍感焦虑。经过与周元、王健等理性沟通后，她的辞职获得了公司的理解，同时，三人对继续保持良好的合作关系达成共识。

公司经营半年后，龙潭总部经济城大学生创业园工作人员在例行检查中发现，“多功能一体化影视服务”项目团队多次无工作人员在岗(公司人员回校上课)，因而团队被取消办公场地的使用权。所幸，在此之前的半个月，王健就意识到办公场地使用的管理制度与团队成员学生身份间的冲突问题，团队通过立项国家级大学生创新创业项目，成功入驻成都理工大学致远楼，平稳地渡过了这次难关。在入驻学校孵化场地期间，团队成员通过互送名片结识了数十个创业团队。不久，新结交的朋友们就提供了健身房宣传片、会议录制、付费设备租赁等订单。因学校创业政策的扶持，团队入驻的孵化场地提供了免除场地租赁费、水电费等各项办公费用的帮扶，为团队打消了资金方面的后顾之忧，团队开始集中精力开展业务，进行原始积累。公司陆续出资购买了影视专业滑轨、办公电脑、松下 AG-UX180MC(4K)摄像机、松下 AG-DVX200(4K)摄像机、威斯汀专业音响及操控设备等。此时，公司已具备一般拍摄工作和影视制作所需的设备。然而，在完成设备采购后，公司前期积累的资金已所剩无几。

在公司运营的一年里，通过接触周围的大学生创业者，观察他们平时的状态和企业运营情况，王健意识到，学校提供的各种便利条件适合初创企业积蓄力量，但初创企业若是始终处于学校“温室”的保护下，则会缺少跟市场的真实对接，没有机会参与市场竞争，这样的大学生新创企业走不远，而真正的创业者需要在激烈的社会竞争中成长。通过分析公司业务水平、剖析短板与发展机会后，周元意识到，单一的业务来源和基础的技术对公司的未来发展有限制。经过反复协商，两名合伙人决定重新将公司搬回龙潭总部经济城大学生创业园。在“十五进三”的最后一轮专家评审时，团队通过答辩并获得入驻机会，选取了面积更大的办公场地(图 6-2)。

图 6-2　成都攀岩者文化传播有限公司的办公场地

因应收款不能按期收回或技术水平不够，发展模式被竞争者轻易复制，中国每天都有诸多中小企业倒闭。相较于此，大学生新创企业的生存环境更具挑战性。当与公司合作的一家婚庆公司欠款长达半年，王健前去收款时，却只发现对方剩下空空如也的门店。至此，6000 元未收款成“死账”。当专业技术出现问题，他们打电话给获得颇多专业奖项的学长请求支持时，却被对方告知，准备放弃创业、解散公司，已无合作机会，这让当时社会经验不足的他们顿感“无助”。提及于此，周元说：“创业中，我曾不止一次落下眼泪，曾有在独自骑电动车过马路、过大桥时，也有在公司工作当着大伙面时”。“慈不带兵、义不养财、情不立事，领导不狠，员工不强！”这是王健曾分享给周元的一句话。相比周元，王健把管理团队的泪水“扼杀”在了岗位职责中，每当周元因心软做出一些不妥当决定时，王健则会站在公司发展的角度提出反对意见。

2017 年 7 月 21 日，“攀岩者”迎来了四川省就业局局长一行到公司考察。在咨询过业务流水等情况后，就业局领导们对团队表达了关心，并希望龙潭总部经济城能给予这群年轻创业者更多的帮助，这极大地鼓舞了“攀岩者”团队的士气。当公司业务渠道相对稳定后，周元转向以提升公司的竞争力为主。根据行业传统，通常存在购买服务的消费者(甲方)、组织和雇佣摄影、摄像服务团队的策划公司(乙方)，而类似“攀岩者”这样的新创公司则是乙方的外包业务合作者，处于产业链的下端。在产业链条中，若中间单位介入的越多，分摊到下游企业的利润则越薄。在跟甲、乙方打交道，逐渐熟悉行业运作规律的过程中，“攀岩者”意识到只有成为乙方，才不会被压榨。于是，周元和王健决定自己开展策划方面的业务服务，争当“乙方”。他们先从老合作方(婚庆公司)争取合作项目，从婚庆的灯光租赁做起。为满足业务市场需求，公司购买了两台广州大歌品牌灯光，在灯光租赁业务领域逐渐站稳脚跟后，“攀岩者”继续拓展业务，逐渐转向舞美服务。随后，公司与四川麦当劳餐厅食品有限公司签下供应商合作协议，成功举办了 2017 年度麦当劳部门经理年会，获得约十七万元的总收入。

『众人拾柴火焰高』

企业发展的核心要素是人才，对新创大学生企业而言，团队力量的注入与企业能力的壮大成正比。随着企业规模的扩大，周元和王健不约而同地意识到了人才的重要性，不断挖掘和培养人才成为公司突破发展瓶颈最紧要的任务。当面向社会发布招聘条件后，前来公司的应聘者有不学无术的人，也有心高气傲、要求高工资的人，还有条件过于偏离公司的人等。这个颇费周折的“求才”经历，让周元和王健意识到：人好找，人才难找。当外部招聘的路径走不通，两人商议从身边有能力的同学入手，凭借周元的“三寸不烂之舌”，他们成功地吸引到了多位优秀同学的加盟。

财务总监王岚的加入，为团队增加了一股骨干力量。王岚是商学院学生会副主席，营销协会副会长，红牛 MET 能量人物。经过快速的业务培训，王岚很快熟悉并掌握了财务相关业务的处理流程。从此，项目负责人由两名增加至三名。随后，孙浚皓(原市场总监)、刘泽宇(人力资源部总监)、何倩等合作伙伴陆续加入。这些新生力量不仅帮助公司稳定了队伍，还在各自的工作岗位独当一面。半年后，公司招聘了曾经被学院指导老师评价为“一个顶仨”的辅导员助理——李娟。经过三个月培训，李娟迅速接手了原首席策划师(小冯已离职)的工作。至此，团队业务部分的核心成员招募完成。公司对招聘人才的经验进行了总结，提出大学生新创企业寻找适宜人才的方式分三种：第一，自主报名筛选；第二，挖掘相对名气传播较广、能力优秀的同学；第三，朋友介绍。在公司管理上，王健和周元分别扮演“红脸”和“白脸”，配合默契。公司通过职工大会(图 6-3)巧妙地解决了员工工作效率低和心理压力大的问题，团队建设初显成效。经过几轮岗位调换，这批员工在各自的岗位上经一年多的奋斗后，“攀岩者”迅速发展。

图 6-3　成都攀岩者文化传播有限公司职工大会

『精准定位，乘风远航』

“圈子”将每个行业的人凝聚起来，有大众熟知的金融圈、医药圈，同样也有创业圈。创业“圈子”在成都攀岩者文化传播有限责任公司的发展上也起到了重要的推动作用，主要体现在两次事件上：第一次是天府软件园的某家企业直接雇佣整个团队进行摄影、摄像服务；第二次是经圈内朋友介绍，认识了北京皓轩市政工程有限责任公司的总经理，并获得了对方 50 万元的投资。“无论是哪个环节，只要是大型场合的活动，我们都抓住结识新朋友、增长见识的机会，这为我们开展新业务，促进公司发展奠定了基础。”周元如是说道。

大数据背景下的“互联网+”时代，越来越多的企业依赖于互联网精准的数据分析和推广。“精准营销”的要义是借助互联网技术推送符合预期的消息给目标受众。王健说道：“我们从‘互联网+’精准营销中获得启发，过去的传单式宣传已不能满足我们的业务需求。”对此，公司正式建立官方网站，并在工信部与公安部进行了备案，正式开展网上的业务拓展。同时，成都攀岩者文化传播有限公司通过线上积极融入各种讨论圈，线下广泛参与相关行业交流，陆续结识了众多企业高管与创业团队，建立了较为稳定的业务圈。

“攀岩者”成立至今，两名创始人始终相互尊重，积极沟通。周元精准的行业眼光搭配王健果敢的管理风格，两人合力带领“攀岩者”创造了一个大学生影视制作领域创业的生动案例。在创业过程中，始终重视发展、鄙弃私心的统一价值观也是他们取得现有成绩的关键。考虑到公司未来的发展前景，两名合伙人一致认同将更多的精力放在设备更新与技术知识的完善上。王健说：“我基本上全靠问。开始创业时，我们在别人的活动现场不停地问，问别人的摄像师和灯光师，问到他们烦了为止；周元则负责通过网络和书籍搜索业务发展所需的相关资料。”正是由于默契的配合、一致的发展共识让他们在激烈的产业竞争中快速地掌握了专业领域的基础知识，并且能在短时间内补充和提升高级别的专业技能，帮助他们在创业之路上走得越来越稳。

本章创业案例可用三个关键点来进行总结：合伙人性格及能力的完美契合、拥有行业领域的敏感性、时刻保持着危机意识。关于第一点，周元性格外向，擅长业务拓展及公司发展战略的制定，但在决策时较为优柔寡断；王健成熟果断，擅长公司管理及项目规划，但不够沉稳。二人相互听取和尊重对方意见，取长补短，确保公司在重大问题上保持客观、理性的决策行为，为公司的发展奠定了坚实基础。关于第二点，在创业道路上，周元和王健时刻关注着相关领域的业务，积极打听和调查其运营模式及合作方前沿的产业资讯，这些讯息为公司的发展战略提供了有力支撑。关于第三点，无论处于何种创业环境，周元和王健都在积极思考当下公司面临的威胁与挑战，始终以危机感警醒自己，力戒焦躁，带着“新人”的学习劲头，积极分析、思考和部署下一阶段的创业计划，成功解决了在影视制作领域创业路上的一个个现实困难。

思 考 题

1. 本案例中的创业项目早期如何进行的成本优化和立足市场？

2. 本创业案例中的团队成员能力有何特点，从发展必备的几个方面(市场、技术、管理等)又呈现出怎样的特征？

本章思维导图

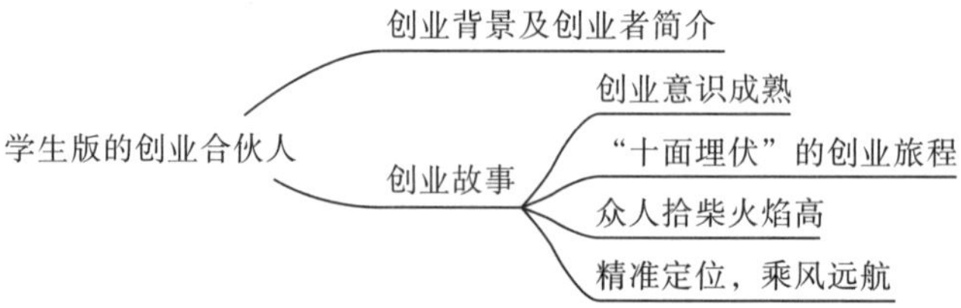

参 考 文 献

[1] 中华人民共和国中央人民政府. 新华社受权发布中华人民共和国合伙企业法[EB/OL]. [2006-08-28]. http://www.gov.cn/jrzg/2006-08/28/content_371056.htm.

第七章　爱艺术，追艺术，在艺术创业的路上

“世界近百年来发生的技术变革比人类历史上任何时期都辉煌。”

——郭重庆(中国工程院院士)

“互联网+”作为一种新的基础设施和实现工具，以数据资源的应用为特征，“开放共享、链接一切”的互联网思维模式被广泛应用到各个领域，推动社会生产、生活方式和企业组织形态发生着深刻变革。本章围绕“互联网+文化”创业者的创业经历，讲述他们从移动网络时代走来，在当下人工智能创业时代，依然坚持原创的创业梦想。

第一节　创业背景及创业者简介

数据资源的流通打破传统思维模式，优质平台规模化增长，开放的移动互联网时代已经全面到来。“互联网+”成为国家发展的重要战略，催生了各行业的重大变革和发展。众多年轻人顺应时代的潮流，开启了属于他们的创业梦想[1]。创业者焕发的青春活力，让传统的文化创意类产业迸发出新的生机。

杨友圣，成都理工大学传播科学与艺术学院 2014 级广告设计与制作 2 班的学生、成都艺圣时代文化传播有限公司 CEO。公司成立之初，仅有四人，发展至今已有九名员工。团队核心成员中，股东郑磊是杨友圣的好朋友，他曾创办过四川商业模拟挑战赛。其余两位成员均是杨友圣的同班同学，他们在设计方面各有所长。例如，李祺酷爱打网络游戏和角色扮演，擅长扮演动漫人物；另一位团队成员周美霖，设计创作能力强，她的创意作品曾多次在业界比赛中获奖。根据两人的专长，杨友圣分别让李祺和周美霖分别负责吉祥物和海报设计服务。

在“互联网+”背景下，杨友圣的公司主要从事视觉艺术行业领域的作品

创作，并提供相关服务，同时，公司依托创业者和企业员工的社交网络，开发了会展、品牌营销等多个文化创意类产业衍生产品，以“坚持原创”的创业理念获得了诸多用户的好评。

第二节　创业故事

“互联网+”引领创新创业的时代，为青年创业带来全新的机遇。随着大数据、云计算、互联网技术的进一步发展和不断成熟，国家政策环境为创新创业提供了有力支持，创业环境整体优化，服务青年创业的软件、硬件条件日趋便利，为新创企业注册手续、行政流程的简化节约了大量时间、精力成本，以大数据技术和人工智能技术为核心的新生产方式颠覆了传统的生产模式，在传统产业升级换代、提高效率的同时，融合和跨界创新为创业插上了双翼[2]。

『蓄势待发，做好创业准备』

提到创业初衷，杨友圣说道：“从小到大，我生长在一个经商的家庭中。外婆有五个孩子，母亲排名老五，四个舅舅和母亲目前都在经商。从小，我便对经商耳濡目染，这样的成长经历让我在创业的路上轻车熟路。选择以广告文化传播公司起家，原因在于对美术专业的热爱。在中学时期，我的专业成绩一直名列前茅，在我们当地也小有名气。”一提到所热爱的专业，杨友圣的欣喜之情溢于言表。对设计和创作与生俱来的执着，对待每一个设计方案都近乎偏执的认真，用他的话来形容就是“兴趣是创业成功的必需要素之一，有兴趣才能激发出创造性活力”。

在进入学校创新创业俱乐部并担任部长的过程中，杨友圣逐步了解到国家及地方政府大力扶持大学生创业的有关政策。经过仔细思考，杨友圣决定结合专业知识，加入到大学生创业的热潮中。在筹备创业的同时，他利用课余时间接设计创作类的小单子来做，不是为赚钱，而是进一步认清行业市场，为创业做准备。逐渐地，在与广告、印务公司的交流合作中，杨友圣了解到广告、印务行业内基本的商业运作模式，这为后期企业运作奠定了基础。

进入大学的前两年，杨友圣凭借着绘画方面的丰富经验及广告设计与制作的专业优势，参与了“创青春”全国大学生创业大赛、全国大学生广告艺术大赛等多个赛事，并斩获多项殊荣。这些经历为他的设计提供了丰富的创作灵感，也对他将公司定义为技术入股型公司产生了重要影响。杨友圣说道："我的设计灵感均来源于生活。阳光下的田野，弥漫着田园的甜美气息，表达着人们回归自然、依恋自然的心态，我会从中领悟到人与自然的和谐共生，在此基础上发挥想象。"从确定公司类型到建立公司，真正开始实质化的运营，杨友圣花了一年多的时间来做准备。

在实施市场调研，熟悉基本的商业市场运作模式，确定公司定位，了解成都市的政策扶持，以及筹集到部分创业资金后，成都艺圣时代文化传播有限公司(以下简称"艺圣时代")采取认缴制的注册模式，于2016年9月23日正式成立(图7-1)，注册资金50万元。

图7-1　成都艺圣时代文化传播有限公司

在成长过程中的亲身经历和受长辈们的熏陶，杨友圣相较于同龄创业者而言具有一定的经验，但在创业之初，杨友圣同其他初创者都一样，并未真正融入社会，缺少市场真实历练，在创业中必然会遇到困难和麻烦。这其中，创业团队的建设成为首个"拦路虎"。

『团队共建，众人拾柴火焰高』

"对于不同的员工有不同的交流方式，这跟公司股东之间的交流不一样，与做文案的合作伙伴、做网站的技术人员的交流方式也不一样。尽管跟我们公司这些有个性的文化创作者们交流不是一件容易的事情，但一定要想办法知道他们在想什么、想做什么。"杨友圣说道。

值得一提的是，公司还有一位幕后军师——王亚冰老师。提及“军师”的指导，杨友圣认为：“王老师是我们公司设计上的导师，作为场外专家，他在设计上的解读就是我们的指明灯。他提出的要求和修改意见对公司员工的设计水平的提升起到了重要的作用。”

初创之期，由于社会资源贫乏，公司多录用相熟的人员，这样的做法有利也有弊。利的一方面在于招聘前就了解团队成员的能力与情况，避免招到懒惰、不上进的员工。弊的一方面则是在创业公司中彼此的身份是员工和老板，当大家在工作中遇到问题需要沟通时难免会磨不开情面，不利于目标的落实和任务的执行。此时，作为领导者的杨友圣的处事方式比较考究，既要避免让大家有心理上的落差，又要树立他作为决策者的权威和影响力。他采用了王亚冰老师的建议，针对不好说的话就使用微信传达，提醒他们怎么做会更好，不会明确说对或错，只说还需更加熟练。然而，团队成员之间也常会产生分歧，最常见的意见分歧出现在设计方案上。尽管每人都希望别人认可、接受自己的方案，但因视角和创意点不同，分歧必然存在。针对类似情况，团队成员最终一起商量着解决。相对于这些只要充分沟通就能较为妥善解决的差异而言，团队成员间最大的分歧在于各自以不同身份参与创业团队的立场和思维惯性。

作为公司的领导者，杨友圣与员工的心态不一样，他希望每件作品、每个项目都是经过精心设计和创作的精品，但员工普遍都把工作当成任务，不愿意花时间和精力去提升作品的品位。一接到单子，员工们就会抱怨不好做，或者认为项目费时较长，需要熬夜、改稿，大多数员工都想简单地完成任务，但这并不是杨友圣想要看到的情况。杨友圣说道：“比如，做个很简单的名片，李祺花了三个小时，做好了发给我后发现颜色不对、参数不对、尺寸不对、间距也不对，还花了三个小时做的。我就给她举例，上次我去餐厅喝下午茶，看到旁边一个人一直在专心弄东西，大概弄了一两个小时，我过去仔细一看，其实就是一页 PPT，这就是典型的效率低下。我不会因为你加班做 PPT 而给你额外的补贴。道理一样，我 20 分钟就可以做好的名片你为什么不可以？我大二才有的电脑，你们高中就有电脑了，这些制作技术你们应该比我更懂，那为什么你现在做得这么生疏？不是技术的问题，根源在于态度问题。当然，发现问题及时沟通、反复交流后，现在伙伴们已有了一定的默契，知道该怎么做，很多时候我也不用说，他们就会来和我讨论难以解决的问题，努力提升质量和效率。”没有工作做的时候杨友圣也不会让员工们无所事事，鼓励他们多看书，学习别人的优秀设计，甚至鼓励他们去参加射击比赛以提升专注力。不管是做学校提供的设计订单，还是完成网上订单，杨友圣都会督促员工们不断思考、努力工作。没有付出就没有收获，想要把公司办好，也就意味着要付出比别人更多的努力。因为有连贯的高强度工作训练、高效率的工作能力为支撑，杨友圣的团队便在众多同质化的创业团队中脱颖而出。

“提升团队得先提升自己。新时代的创业领导者，应注意很多细节方面的问题。领导力是领导者的核心，提升领导者的能力对创业企业发展和团队建设而言具有核心作用。”[3]

设计领域的迭代速度很快。立足行业前沿、提升专业设计水准有三种途径。第一种，关注行业动态。每天关注设计资讯，产业链的生产和设计内容，浏览各种展览圈、美术学院圈、各种设计群及讨论圈里发布的最新讯息；关注和参加各种高级别的专业类设计比赛。第二种，勤动手、多练习。每位客户都会提出不一样的要求，相当于每个产品都是“订制”模式，需要设计者不断更新技法、技能。杨友圣说道：“若有了好的想法，我会第一时间画在纸上，随后在电脑上构图和排版，以此强化手绘功底。”第三种，看书，包括品牌杂志、视觉设计类专业书籍、创新设计思维的图书等。难能可贵的是，杨友圣不但身体力行，还把提升设计师视野的自我训练方法推荐给团队成员，激发大家的创意潜力，帮助整个团队在专业思维和设计技能方面获得提升。

虽然年轻，但作为大学生新创企业的领导者，杨友圣要承担巨大压力。他不仅要把主要精力放在创业上，还要兼顾学业。杨友圣曾说道：“做喜欢的事情，就没有必要考虑累不累，有时候可能身体上会觉得累，但是心不会觉得累。每一次我都会比较倔强地去设计创作作品，作品达不到我满意的效果，我就会一直做下去，直到满意为止。我从未对选择从事设计行业感到厌倦，每天都会像打了鸡血一样，充满斗志地开始新一天的工作。”

『坚持原创，独一无二才卓越』

“原创设计是一个设计公司的价值根本，也是一种商业模式和竞争力的显现。它代表着独一无二，代表着不可复制，这是公司创造保持生命力的源泉。”杨友圣表示：“将公司定位于技术入股型，是因为我有这方面的技术，也了解相关的知识。坚持技术层面的原创性，创造出属于我们公司独有的产品，形成专属竞争力，这是我们始终坚持的事情。”

以设计为核心，深度考验新创公司在创意开发及产品设计上的能力。设计源于创意，创意既可以根据前人的设计进行仿制，也可以借助成品进行完善。而完全由设计者不借助外力进行创作，通过一系列独有的方法和途径为客户缔造出“专属”的作品，这是“艺圣时代”自建立之时起就始终秉承的原则。在学校举行第一届、第二届毕业设计展时，杨友圣便承包了制作海报喷绘的工作，原创出面积达 48 平方米，名为“花花视界”的三维作品(图 7-2)。

图 7-2　杨友圣创作的“花花视界”三维作品

一部设计作品想要获得好的效果、浓烈的吸引力，必须做到“明而不俗，隐而不悔”。在平面设计中，除了将原创意味充分显现，还要将设计中想要表达的内容进行深度刻画，运用色彩与构造技法完成。在人们追求创意生活的今天，原创作品尤其具有价值内涵。但文化传播类公司如雨后春笋般地出现，致使追求原创的文化传播公司面临生存上的严峻挑战。关于此种困难的应对，杨友圣表示：“公司项目的创新点在于我们设计出来的作品。我们的发展思路、步骤与其他同行业的文化传播公司不同，是用我们自己的想法来创作，更注重产品的原创性，这也是公司始终坚持的原则。”

『顺应趋势，调整策略再出发』

初创企业在资源、行业影响力等方面都难以与大企业相匹敌。如何利用互联网思维来扩展渠道是新创企业应当思考的关键问题。当下网络世界的主要参与者为90后、00后的网络原住民，他们具备互联网思维，年轻化、个性化十足。互联网持续创新的浪潮，使得他们一跃成为互联网时代生产和消费的主导力量，持续参与到企业研发、设计、生产制造及销售的不同环节。对他们而言，互联网已然成为生活中不可或缺的重要部分。

“艺圣时代”将创建地选择在学校，是因为学校聚集了90后消费主体，当他们在公司获取到满意的定制产品和服务后，像实时记者一样，会在第一时间里将产品的效果和购买体验发布到微博、微信平台，与外界好友形成互动，这种“免费营销”将公司的特色和优势通过使用者和购买者的网络连接形成扩散，这样的宣传很有效果。因为，在移动互联网时代，社交媒体的兴起在对传播媒介进行重新定位的同时，要求转向媒介与消费者的互动，场景化传播成为潮流[4]。营销服务商尝试运用更为丰富、立体的传播手段亲近用户，“艺圣时代”捕捉到市场这一细微且又深刻的变化，迅速调整传播策略，融入新兴的传播平台，拓展业务。

立足于学校，“艺圣时代”开启了以创建地为中心、依托相关人群社交网络的“近亲销售与小世界链接相结合”的发展模式。“公司最初的产品客户在于以往积累的人脉资源，比如学校师生、家庭成员。但这对于公司的未来发展是远远不够的，扩大客户群体仍是公司的重要任务。”因在参加美术比赛、设计比赛等比赛中，杨友圣屡次斩获一等奖，其优秀的创业者形象给公司带来了持续的客户资源。其中，在为某县政府创作作品获得认可后，团队获得了被推荐的优质订单，再通过用户们的口碑效应，“艺圣时代”在较短时期内获得了大量由老客户推荐的项目。虽然是大学生新创企业，在业界并未有多大名气，但凭借扎实的专业技能和高质量的服务，“艺圣时代”获得了众多客户的青睐，并幸运地成长起来。

在与新、老客户接触的过程中，“艺圣时代”在开拓市场资源的同时不断拓展业务板块，形成以原创设计为核心的产品主线，并陆续开发出网页设计、电脑动画设计、多媒体设计、广告设计与制作、品牌营销策划、企业形象策划、会议及展览展示服务、文化创意类企业管理咨询等多种产品与服务。

由简单的设计制作到综合运用公共关系服务、市场调研等业务模式，并借助新的业务拓展建立起与用户互动的“生态圈”，这既是“艺圣时代”适应时代发展需求的商业模式，也是此类新创企业趁势而为，扩大发展规模、创造更大商业价值需求的必然选择。

『决胜人工智能，我的未来不是梦』

“其实，我们缺乏的并不是梦想，而是坚持不懈的努力。只要不忘初心，终将弥足珍贵。”

当下，人工智能时代已经开启，面对正在蓬勃发展的人工智能技术，随之不断涌现的技术创新型“独角兽”公司，人工智能市场广泛和深入的应用前景已成为创业蓝海，年轻的大学生创业者早已跃跃欲试。

谈及公司在人工智能运用场景下的发展，杨友圣表示：“公司未来的发展方向也要将互联网和人工智能有机结合，推出的产品更加智能化，满足不同消费者的心理需求，为顾客进行私人订制服务。目前，公司正处在快速发展阶段，资金相对紧缺，但是公司仍决定花重金聘请人工智能技术人才，倾力打造公司产品，适应时代的发展需求。”

在创业过程中，既要仰望星空，更要脚踏实地。在前进的道路上，克服重重困难，坚持不懈才是唯一准则。在执着于创业初心时，马云曾说过：永远不要跟别人比幸运，我从来没想过我比别人幸运，我也许比他们更有毅力，在最困难的时候，他们熬不住了，我可以多熬一秒钟、两秒钟[5]。

思 考 题

1. 你认为本案例主人公创业成功的关键是什么？
2. 大学生成功创业需要哪些准备？
3. 你身上具备创业者的特质吗？

本章思维导图

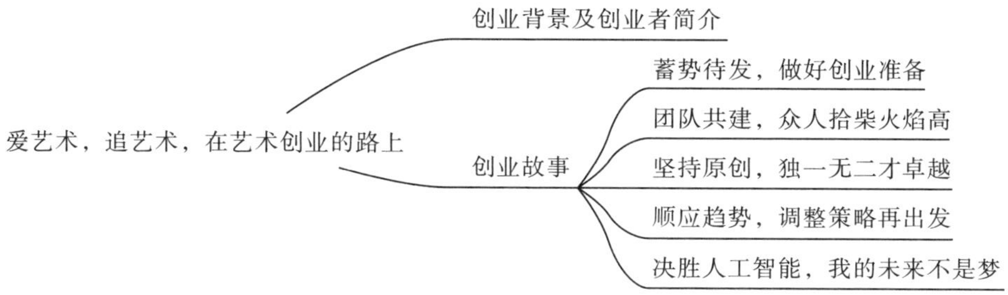

参 考 文 献

[1] 吴帝聪，陈小琴. 一本书读懂互联网+[M]. 广州：广东人民出版社，2015.

[2] 崔勇. 视界——“互联网+”时代的创新与创业[M]. 北京：清华大学出版社，2016.

[3] 本土管理实践与创新论坛. 互联网+“变”与“不变”本土管理实践与创新论坛集萃2016[M]. 北京：中华工商联合出版社，2016.

[4] 陈红，王佳炜. 移动互联网时代地铁媒体的场景化[J]. 当代传播(汉文版)，2015，(4)：70-71.

[5] 朱甫. 马云如是说[M]. 北京：中国经济出版社，2009.

第八章　服务你我他，创业梦想家

一个新的互联网时代即将到来。这将是一个鼓励分享、平台崛起的时代。靠单一产品赢得用户的时代已经过去，渠道为王的传统思维不再吃香。在新的时代，如果还背着这些包袱，那就等于给波音 787 装了一个拖拉机的马达，想飞也飞不起来。如何铸造一个供更多合作伙伴共同创造，供用户自由选择的平台，才是互联网新时代从业者需要思考的问题……决定能否成功、有多大成功，是自己发现需求、主动创造分享平台的能力。

——摘自马化腾 《互联网新时代的晨光》[1]

随着互联网在我国的普及和深入应用，移动互联网时代已经悄然来临。我们正在经历人类历史上的第四次工业革命，如同每一次变革带给社会及经济发展的深刻影响，网络信息化带来了越来越多的创富机会。大学生创业是经济发展的必然趋势，以创业带动就业已经成为社会各界及广大大学生的共识。移动互联网时代，越来越多的大学生凭着对新技术的旺盛求知欲望和澎湃的创业激情，加入“互联网+”创业之路，采用平台模式创业。本章围绕“微控理工”创业团队的故事，讲述他们从选择平台创业的初衷定位于服务校园师生，到后续的个人与团队成长，进而对企业未来发展的思考，期望能为有志创业的大学生提供指引。

第一节　创业背景及创业者简介

青春梦不是空想，而是实实在在的希望，它蕴含在向上向善里，蕴含在创业创新中，也蕴含在“互联网+”里，希望青年人在追逐中不忘初心，创造一个又一个的惊喜！

——张一鸣（今日头条创始人）

新创业浪潮，属于逆流而上的勇敢者。“互联网+”引领科技革命，网络平台减少创业者的创业成本，在帮助他们降低进入新兴市场门槛的同时，也造就了创业者和用户使用网络资源的思维模式变革。“共享”“利他”的开放特性，平台创业模式应运而生，且这种模式自然地成为移动互联网时代的创业企业发展的理性选择，而使用者必然是深谙互联网应用的积极行动者。

刘吉彬，2016 年毕业于成都理工大学信息科学与技术学院数字媒体技术专业。读书期间，他担任成都理工大学“云立方”学生传媒中心新媒体工作室技术部部长，负责成都理工大学招生办公室的微信技术开发，兼“成小理”工作室名誉顾问等。他曾作为团队主要成员荣获 GSEA 全球青年企业家创业大赛中国站冠军，现就职于新华网股份有限公司四川分公司[2]。在众多的头衔中，最耀眼的名片是“微控理工”校园微信公众号的发起人。

“微控理工”微信公众号定位服务于成都理工大学学生，致力打造一个非官方的大学生生活、学习助手平台。平台具有成绩、课表、空教室查询、图书续借、失物招领等功能①。运营至今，“微控理工”校园微信公众号有将近 60 000 名用户，是校内关注度最高的微信公众平台，其受众主要为在校的大学生。在 2015 年 8 月，“微控理工”位居腾讯微校 8 月高校公众排行榜第二名。经过几年的运营，平台业务涉猎范围逐步扩大，微控教育、微控咖啡、微控考研等一系列线下实体成立，并发展成为“微控理工”的多张亮丽名片。

微分享

创业者寄语

“创业忌眼高手低，一定要脚踏实地”，做任何事情都要一步一个脚印，步子踏稳了才能走得更远。不难发现，任何一个成功者站得有多高与创业之前把头埋得有多低有很大关系，只有一步一步来，经历社会百态，用最低的姿态观察社会运转，进而发现市场规律，从每一件事情当中积累经验，最后才会越走越远。

① 资料来源于“微控理工”微信公众号首页。

“想到就做，不要拖延时间，也许在你思考是否应做的过程中，斗志也在逐步下降”。当有想法的时候不妨就去做，因为有“大学生”的这层“保护伞”，年轻的我们有很多的机会去尝试做不同的事情，有很多机会去尝试梦想，即便是失败，也是为下一次展翅积累更多的经验。

第二节　创业故事

在压力面前，需要坚持创业精神。当我们选定一个目标的时候，一定要坚定不移地向着这个目标努力，既要有抵制诱惑的毅力，也要有经受挫折的勇气。我们企业文化中有“执着拼搏，永不言败”的信条。我们可以直面挫折，可以承认错误，但绝不轻言失败，更不容许放弃！跌倒了可以再爬起来。如果一味地求稳怕输，那就很难成功了。

——张近东（苏宁云商集团股份有限公司董事长）

『天道酬勤』

在单纯的大学校园生活里，绝大多数大学生过着寝室、食堂、教室“三点一线”的生活，或沉迷于游戏、小说、漫画和电影电视中。而此时的刘吉彬已经开始在创办自己的公众号，成为同龄人中的“潜力股”。

刘吉彬(22 岁)在大二期间，他偶然看到其他高校有很实用、可以查询信息的公众号，便萌生了自己做一个服务于成都理工大学学生公众号的想法。说干就干，怀揣“不放弃”“不怕苦”的信念，在老师、学长的帮助下，刘吉彬很快开通了第一个微信公众号——“微控理工”校园微信公众号(以下简称“微控理工”)。创立初期，刘吉彬只是单纯地想去做这一件事情，经过运营期的试验及后期摸索，公众号在 2016 年转变了运营方式，“微控理工”迎来了第一个巅峰时刻，这对于年轻的刘吉彬来说是一个转折点。

马云曾说：“很多年轻的创业者身上都有一种傲气。人有傲气是好事，但是傲得太久就是坏事。创业者要懂得谦卑、懂得学习，懂得找到自己的老师和方向。”[3] 也正是刘吉彬的这种不安分，让我们隐约看到了一名成功的创业者所必须具备的素质——强烈的欲望。尽管现实生活中很多人都有此特质，但只有真正付诸努力，不畏艰辛，才有可能把欲望变成现实。

跟绝大多数学生一样，初、高中时期的刘吉彬也是一个十分不起眼的普通学生。初三时，他就去过网吧；他在整个高中的求学经历中也是浑浑噩噩地度过。高考时，他以只高出二本线几分的成绩结束了最美好的高中生活。在家人的支持下，刘吉彬选择了复读，第二年终于很幸运地被成都理工大学信息科学与技术学院的数字媒体技术专业录取。让刘吉彬没想到的是，多年后这个专业竟改变了自己的人生发展轨迹。刘吉彬家住山区，父母期望他大学毕业后可以走向大城市，找到一份安稳的工作。“但我并不想过这样的生活，人不应该太早就把自己限定死”。

公众平台最初于 2014 年 8 月 23 号正式上线，一经上线就因良好的实用性获得了众多在校学生的好评。以此为激励，刘吉彬不断地改进平台的使用功能以创造更好的用户体验，形成了一个不一样的“改进式循环”模式。起初，“微控理工”校园微信公众号并没有通过平台获得经济效益，从该平台构建的本质来看属于公益性质。所以，刘吉彬最初是用自己的 QQ 空间做线上推广，获得好友关注。同学们每学期在查成绩或者选课时，学校教务处的服务器会因集中大量的访问而几乎无法登陆时，“微控理工”的功能和优势就显现出来了，就此有了第一批“种子”用户。接着，在这批忠实用户的推荐和建议下，“微控理工”用更好、更便利的服务成功地吸引了更多学生的关注。经过不断地改进、调整甚至试错，逐步拥有了稳定的用户群，平台的运营开始走向正轨。此时，刘吉彬和团队经过慎重考虑，决定转变运营模式，开始由主推功能发展转向多元化发展，正式推出集多个功能于一体的“整合式”服务平台。新的项目开发急需专业技术人员，习惯了在技术开发上单枪匹马的刘吉彬意识到团队建设的重要性和紧迫性。于是，在国家支持大学生创新创业的号召下，刘吉彬和几个志同道合的同学组建起了运营团队。

所有的创业都必然经历重重波折。在接下来改变运营模式的过程中，尝试实施想法—修订行动方案—再尝试，这种往复的过程成了家常便饭。在移动应用开发盛行的时候，刘吉彬与小伙伴们一腔热血，看到别人因 APP 创业成功后，也想如法炮制。因为是第一次创业，没有经验的他们整个暑假都待在七教的 705 机房，每天过着寝室、餐厅、机房“三点一线”的枯燥生活。当他们疲倦时，索性就把几张凳子拼在一起打个盹；遇到技术难关攻克不了的时候，刘吉彬就跟小伙伴一起聊聊天，互相加油打气。功夫不负有心人，在机房加班努力三个月后，刘吉彬终于推出了第一款 APP——“掌控校园”。

正是这三个月中无数次的熬夜编程，促使他对 PHP+MYSQL 和 HTML+CSS+JS 等操作越加熟悉。“掌控校园”在校园推广后，曾风靡过一段时间，甚至还因为它，刘吉彬跟小伙伴成功获得了第一个赞助商，开始了运营管理 APP 的创业者生活。但因为“掌控校园”盈利不明显，赞助商很快便撤了资。没有了资金注入，加之经验欠缺，以及以服务校园为初衷的商业模式在当时并没有清晰地确立起来，面对初次尝试就以失败告终的惨淡现实，大家经过激烈的讨论后决定忍痛放弃“掌控校园”，重寻创业道路。谈到这段失败的创业经历，刘吉彬并不后悔，反倒觉得这是增加社会阅历和提高实践能力的良好机会。

李开复曾经说过，在创业的路上，付出怎样的代价，付出怎样的努力，忍受了多少人不能够忍受的憋闷、痛苦，甚至是屈辱，这种心情只有经过创业的人最清楚！对创业者来说，肉体上的辛苦算不得什么折磨，最难熬的是要保持初心的坚韧。创业者拥有超越常人的极限毅力，必将促使企业发展，并最终促使创业者锤炼出更为强大的内心。也正是这种不怕苦的倔强劲头和追求卓越的品格，让刘吉彬成为众多大学生创业者中的佼佼者。

『成功如期而至』

刘吉彬喜欢接触新鲜事物、喜欢探索、喜欢挑战，这不仅影响了他上大学时对城市和专业的选择，也成为其后来走上创业道路的重要因素。在经历校园移动应用开发项目的失败后，刘吉彬开始另寻道路。

2013 年，刘吉彬受一位学长的软件启示，建立了“微控理工”微信公众号。因为不熟悉技术，刘吉彬就自学超级文本预处理语言（hypertext preprocessor，PHP），在网上追着大牛们问。别人午休的时候，他却跑到机房练习 C 语言编程。这样坚持了一学期，直到有了个人电脑，虽然不必到机房练习，但他仍没有放弃。在室友打游戏的时候，刘吉彬默默地戴上耳机，别人的电脑上是动漫、电影、游戏，他的屏幕上却总是一行又一行的代码，每当微信公众平台出现运行错误时，刘吉彬总是第一个打开电脑，修复代码，让微信公众平台顺利恢复运营。平台运营之初，刘吉彬考虑到自己的时间、精力有限，而微信平台的维护则需要投入大量的时间和精力，所以招募了一个小团队，负责每天的文章推送。当在公众号运营状态不良好的时候，他则会拿生活费来补贴。他的信念是宁可苦了自己，也不能因为技术和资金的制约而停办了微信公众平台。功夫不负有心人，在2016年，刘吉彬跟团队终于迎来了公众平台的第一个巅峰时期。

平台在短期内获得了在校学生的广泛喜爱，但之后的发展走向何方？团队决定改变经营思路，着手制定商业计划，开始接受广告类“软文”的植入。与此同时，团队进一步扩展自营项目，利用微控教育继续开展教师资格证的培训，且新增微控考研培训的项目，与大型的考研培训机构对接，为考研学生提供学习便利。此外，开设微控咖啡馆作为微控的实质载体，让同学能实实在在感觉到“微控理工”的存在。

2016年，紧随国家关于大学生创新创业的号召，在学校、相关学院的大力支持下，刘吉彬带领的创业团队被学校推荐到上海参加GSEA全球青年企业家创业大赛。在与其他五所一流大学(上海交通大学、中南财经政法大学、清华大学、江苏师范大学、西南财经大学)的同场较量中，“微控理工”团队脱颖而出，一举夺得了中国站的冠军。双手捧着沉甸甸的奖杯，大家喜极而泣，一路艰辛换来了“微控理工”的成长，获得了国内顶尖专家的认可，这让他们更加坚定了创业的信心和方向。在团队的合理运营下，“微控理工”开始从线上的公众服务平台，慢慢走到线下，逐步成为一个多元化经营模式的综合性企业。

微分享

优秀创业者应该具备的十项基本素质[4]

美国著名管理学专家威廉·D·拜格雷夫则认为优秀创业者的基本素质应包括十个“D”：理想(dream)、果断(decisiveness)、实干(doers)、决心(determination)、奉献(dedication)、热爱(devotion)、周详(details)、命运(destiny)、金钱(dollar)和分享(distribution)。

分析上述十个基本素质，可以发现它们之间内在的逻辑联系。有理想且意志坚韧的实干者，通常很热爱生活，在他们的价值观念里，有社会正义和无私大爱，对金钱的关注程度较低；认可助人等同于自助，所以乐意与人分享；当面对困难和险境时，他们坚信越努力越幸运，通过制定周详的行动计划去执行。这样坚韧、执着又富有魅力的创业者，可称得上优秀。

『找对合伙人』

在创业的过程中，创业者需构建、发展团队，不仅是因为创业需要众志成城、凝心聚力，更是因为团队成员间的勠力同心会为企业的发展提供积极、正向的推动力，形成共同创造、共同担当的使命感和责任感，聚结成基于相同价值观的“利益共同体”。

尽管没有专业的管理背景，但在选择团队成员方面，刘吉彬却有独到见解。“微控理工”由一个共同的想法而创立，创立之初团队仅有三人。随着创业进程的推进，“微控理工”原有团队的组成也悄然发生着变化，团队不断注入新鲜血液，成员来自不同的学院、年级、专业，这些志同道合的伙伴在思想上相互碰撞后产生的有趣想法，为整个团队提供了强有力的动力。团队分工明确，所有成员不会因为自己负责的任务轻而放松警惕，也不会因为负责的任务重而抱怨。在“微控理工”的团队里，每个人都尽心做好本职工作，因为他们深知，作为个体需与团队整体有机统一，每个人都是这个整体的关键部分，都会对整体的功能起到决定作用。这样一致的价值观促使“微控理工”团队始终保持步调一致。一路走来，团队成员间相互理解、信任、帮助，相互肯定、学习，团结一心地保持高效、有序的工作，团队凝聚力在成员共同的倾心付出中得到巩固和提升。

『融入国家战略，顺势而为』

> 不是你的公司在哪里，有时候你的心在哪里、你的眼光在哪里更为重要。
>
> ——马云（阿里巴巴集团董事局主席）

在创新引领创业的今天，先进模式与理念、创新的战略无疑是占领市场的最佳锐器。新兴信息技术的飞速发展，引发新一轮的科技创新和产业变革。为顺应产业发展的大趋势，推进产业转型升级，我国相继提出实施“中国制造2025”和“‘互联网+’行动计划”[5]。正确认识时代赋予的使命与责任、担当，将创新创业的美好愿景、期望与国家战略、行业发展的大背景有机的融合，创业者的响应与行动将对创业事业的发展产生深远的影响。

在“双创”背景下，传统媒体和新兴媒体融合发展。习近平总书记强调，推动传统媒体和新兴媒体融合发展，要遵循新闻传播规律和新兴媒体发展规律，强化互联网思维，坚持传统媒体和新兴媒体优势互补、一体发展，坚持先进技术为支撑、内容建设为根本，推动传统媒体和新兴媒体在内容、渠道、平台、经营、管理等方面的深度融合，着力打造一批形态多样、手段先进、具有竞争力的新型主流媒体，建成几家拥有强大实力和传播力、公信力、影响力的新型媒体集团，形成立体多样、融合发展的现代传播体系。创业者应把握传媒变革趋势，积极占领新兴舆论阵地[6, 7]。

2016年，凭借对市场先机的敏锐把握，“微控理工”迎来了自创建以来的第一个巅峰。看到很多校园自媒体都有向“营销号”发展的趋势，各种广告和商业信息也可以适当融入，团队伙伴再一次敏锐地感受到“互联网+”的强大活力，开始趁势而为、转变运营方式。公司提出以“微控理工”公众平台为大树枝干，展开集成“微控咖啡馆”“微控教育”等多平台的协同发展模式。此时，原有的“微控理工”因聚集了大量粉丝可以分支引流，使各平台相互独立却又相辅相成，同时又能分担风险。这是团队在管理过程中通过总结所得，这是适合文化创意类初创型企业发展的有效模式。不忘初心，继续前行。“微控理工”团队的创始人和成员们将更清醒地思考未来的发展道路，立足校园、服务师生，经营事业。

『拥抱更广阔的未来』

大众对“互联网+”早已耳熟能详，对其理解却各不相同。“微控理工”团队的联合创始人曹华麟也有着独特见解。在他看来，“互联网+”像一顶戴在头上的帽子，关键在于戴这顶帽子的人，他的态度和认识将决定企业能否在新的环境下生存和发展，更能决定其未来能走多远。曹华麟认为：“实体行业在经新一轮冲击的背后，其实是网络等电子商务平台在帮助实体行业‘洗牌’。当下，实体行业当中做得好的商家一直都在学习、进步，越做越好；而相比之下，对反应缓慢者、拒绝变革者，‘互联网+’对其也产生了‘洗牌’作用。”

随着“深融合，强制造”的发展趋势，产业互联网将全面深度融合、服务于实体经济的创新发展，进入全面赋能时代。作为行走在职场中的技术媒体人，“微控理工”团队在日常的工作中，渐渐有了对新媒体的深刻理解。在他们眼中，新媒体已重新转变成了融媒体，“新”不仅包括平台、途径、速度的刷新，更多的是资源共享、对内容广度和深度的解读[2]。

对于市场导向中遇到的棘手问题，“微控理工”团队表示：“既然我们是依靠市场脚踏实地一步一步地走出来的，我们的理念是‘拥抱时代、适时变化’，所以，在应对挑战时，我们必须始终从容不迫。”一直以来，只要新媒体平台有所变动，“微控理工”团队就会及时跟进，根据新媒体技术的发展变化对运营方式做出相应的调整；同时，对已有的运营方式进行优化；不断地探索新的发展模式，这是全体成员的共识，也是他们一直在践行的理念。

“互联网+”代表着一种新的社会生产方式，充分发挥互联网在社会资源配置中的优化和集成作用，将创新成果深度运用于经济、社会领域当中，提升全社会的创造力和生产力，形成更广泛的，以互联网为基础设施和实现工具的经济发展新形态[10-13]。正是受到这种思维的启发和引领，“微控理工”团队始终秉承服务师生的理念，主动拥抱变革，以创业者的初心不断完善、充实自己，最终获得了越来越多的发展机遇。

微分享

新媒体革命描绘传媒愿景[9]

在新媒体技术革命的冲击下，有创新才有可能拥有化蛹为蝶的机会，在博弈中占据先机。对此，凤凰卫视董事局主席兼行政总裁刘长乐曾撰文，描述了在全媒体融合形态下的竞争格局。文中写到，在2012年，纽约时报集团公布第二季度的财报时，显示《纽约时报》的线上发行收入第一次超过了广告收入，第二季度付费用户增长了12%，超过了50万人[8]。这让当时的传媒界惊呼，《纽约时报》闯出了一条血路。在2012年浦江创新论坛的演讲中，刘长乐先生提到，他在与十一届全国人大常委会副委员长、中科院原院长路甬祥院士的交流中受到教益。对数字化创新问题，刘长乐先生认为，媒体的数字化一定是集成创新的产物，并将在诸类数字化产业中引领高端，结合凤凰卫视每年对事业发展的前瞻性讨论，他还畅想了咨询消费者的体验[9]。

思 考 题

1. 你对大学生创业的看法？大学生创业需要面对哪些问题？
2. 大学生创业应怎样调节学业与创业之间的矛盾？
3. 本案例对你有怎样的启示？

本章思维导图

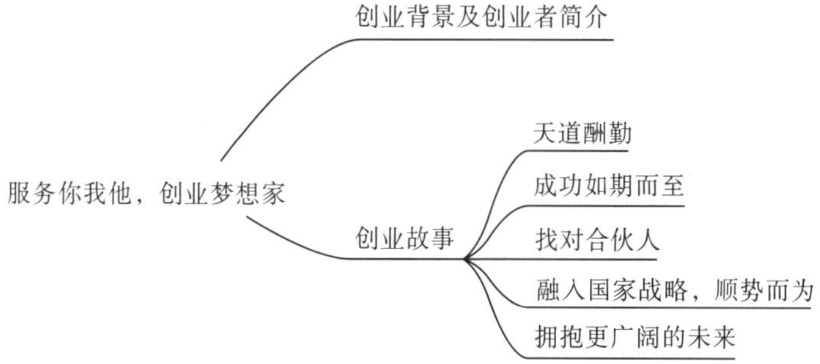

参 考 文 献

[1] 马化腾. 互联网新时代的晨光[J]. 经营管理者，2012，(2)：92.

[2] 代天一. 看，人家的大四丨刘吉彬：从“IT 小白”到“职业大咖”[EB/OL]. [2016-05-27]. https://mp.weixin.qq.com/s?__biz=MzA4MzA5NjgyNQ%3D%3D&idx=2&mid=2651780295&sn=4e9a3c95381ad6c1ae37159e98caad29.

[3] 马云. 创业者没有借口[J]. 思维与智慧(下半月)，2011，(11)：44-45.

[4] 威廉·D·拜格雷夫. 企业家实务[M]. 上海：上海译文出版社，1998.

[5] 冯运卿，张洪国. “中国制造 2025”和“互联网+”的融合之路[J]. 互联网经济，2016，(3)：44-49.

[6] 人民网. 习近平：推动媒体融合发展要遵循新闻传播规律[EB/OL]. [2014-08-18]. http://media.people.com.cn/n/2014/0818/c120837-25489622.html.

[7] 南隽. 把握传媒变革趋势 积极占领新兴舆论阵地——学习贯彻习近平总书记关于新兴媒体发展战略重要论述[EB/OL]. [2016-06-14]. http://www.xinhuanet.com/politics/2016-06/14/c_1119039250.htm.

[8] 刘长乐. 跨界：信息消费时代的媒体机遇——跨界融合：全媒体时代的“蓝海”博弈[J]. 新闻与写作，2013，(11)：4-8.

[9] 凤凰卫视. 刘长乐：新媒体革命描绘传媒愿景[EB/OL]. [2013-01-23]. http://phtv.ifeng.com/lcl/detail_2013_01/23/21514121_0.shtml.
[10] 王兴伟，李婕，谭振华，等. 面向“互联网+”的网络技术发展现状与未来趋势[J]. 计算机研究与发展，2016，53(4)：729-741.
[11] 张伯旭，李辉. 推动互联网与制造业深度融合——基于“互联网+”创新的机制和路径[J]. 经济与管理研究，2017，38(2)：87-96.
[12] 姜奇平. “互联网+”与中国经济的未来形态[J]. 人民论坛·学术前沿，2015，(10)：52-63.
[13] 韩立新. “机器人记者”对新闻人才培养的冲击[J]. 中国传媒科技，2015，(3)：5.

第九章　为美而生，因爱而存，用心共筑美丽人生

一场名为“互联网+”的风潮正席卷产业及资本，犹如一针兴奋剂，注入了每一个创业者和投资者的身体……我们相信互联网正在重构，包括产业重构、资本重构和估值重构，这是重构的三次方，将重构出互联网波澜壮阔的大时代。

——王禹媚（华泰证券股份有限公司互联网和传媒行业首席分析师）

“互联网+传统行业”的创业模式已成为一种众人竞相追捧的创业新宠。在“大众创业、万众创新”的时代背景下，无数大学生怀着激情与梦想投身于互联网的创业浪潮中。本章以创业者卢嘉敏的创业故事为主线，围绕该名创业者的成长经历、创业过程、公司运营与未来展望，介绍了文化创意类产业内广告相关行业的创业背景、创业者的亲身经历等，为欲选择该行业创业的大学生提供参考。

第一节　创业背景及创业者简介

变革是势，顺之者昌，逆之者亡。创新是路，积跬步方能至千里，一步一个脚印，方能丈量未来。

——张近东（苏宁云商集团股份有限公司董事长）

普适计算之父马克·韦泽曾说道：“最高深的技术是那些令人无法察觉的技术，这些技术不停地把它们自己编织进日常生活，直到你无从发现为止。”[1]而互联网正是这样的技术，它像空气一样弥漫于整个社会，正潜移默化地渗透到我们的生活中。它改变着我们的生活方式，改变着人与人的沟通方式，也改变着企业的管理和经营模式。作为一个巨大的创业平台，它在

创造以往所没有的形态。

随着现代女性对医美整形认知程度和接受程度的不断提高，近几年来，中国医疗美容市场快速发展。据中国产业信息网发布的《2016—2022 年中国医疗美容行业分析及未来投资战略研究预测报告》显示：2014 年中国医疗美容市场实现产值达 5350 亿元，行业年发展速度平均呈 15%以上的增长态势，预计到 2019 年将破万亿元[2]。医疗美容行业成为大众继买车、购房、旅游、电子消费之后的第五大消费热点。中国已成为继美国、巴西之后的全球第三大整容国。回想阿里巴巴创业之初，之所以它能够快速成长，关键在于电子商务这个行业具有极度增长的潜力。对创业者而言，这个是用“智慧创造美丽”的创业时代。未来几年，医学美容行业也具有如此发展的潜力，“颜值经济”成为又一个投资风口。在这样的投资风口之下，如何获得消费者的信赖，去除网络医学美容营销的负面影响，成为该领域创业者面临的首道“考题”。

2011 年 9 月，卢嘉敏进入成都理工大学传播科学与艺术学院广告学专业学习。2012 年 7 月，她开始一边求学一边兼职工作；2013 年 7 月，卢嘉敏申请休学开始全职创业。2014 年 3 月，她在北京与合伙人创办了第一家公司——北京讯赢科技有限公司；2015 年 4 月，她自己创办了成都好美丽科技有限公司。公司致力于医学美容的咨询服务。通过旗下平台樱桃网(www.28yt.com)和自媒体平台为广大网民免费提供美容咨询(整形美容项目、医院信息、专家信息、VIP 临床信息等)、美容体验、术后管理、健康恢复等服务，为中国求美者提供安全的医学美容方案。

第二节　创 业 故 事

我认为做企业要有这些素质，特别在中国市场上，那就是：诗人的想象力、科学家的敏锐、哲学家的头脑、战略家的本领。

——宗庆后(杭州娃哈哈集团董事长)[3]

『工欲善其事，必先利其器』

20 岁是青涩、做梦的年龄。当同龄人还在尽情享受大学校园的美好生活时，卢嘉敏已经开始创办自己的公司。2013 年 7 月，年仅 20 岁且即将步入大三学习的卢嘉敏，怀揣着“青春不留遗憾”的信念，在力排众议、说服父母之后，坚定地选择休学，走上了创业之路。2014 年 7 月，因公司发展所需，卢嘉敏再度休学。相比其他同龄的女孩，这个雷厉风行、果断决然的创业女大学生，对于如何走上创业之路，她坦言道：这是一个自然而然的过程。

从小到大，卢嘉敏就是一个“不安分”的女孩。她说道“我从小就属于比较叛逆、比较出格的那种孩子，常在小伙伴中扮演‘领头羊’‘出头鸟’的角色。初中、高中经常由我牵头组织同学聚会，只要我一号召，同学们都会热烈响应。”

卢嘉敏出生在东莞市石排镇的一个普通家庭，家里还有两个哥哥。相对于哥哥的严格管教，父母给她的成长空间是比较自由的，这促成她养成了独立的生活方式和自主决策的习惯。提及当初选择到四川上学，父母最初并不应允。他们认为，一方水土养育一方人。或许是天生的优越感，广东沿海的人基本不往省外跑，何况去往内陆，这一举动在家人和众多当地人眼中显得有些“出格”。和当地大多数父母的想法一样，卢嘉敏的父母认为，一个女孩子考上二本大学的成绩，就应该和其他女生一样，老老实实在本省上大学，毕业后，在本地事业单位找个工作，每月拿着固定收入，再在镇上或者市里找个适龄小伙子结婚、生子，安安分分地过日子。但卢嘉敏最终没选择父母推荐的学校。她说道：“我不想每天过着千篇一律的生活，不希望我的人生一眼就能望到尽头。”

彼得•圣吉先生在他的经典著作《第五项修炼》中说道：“人们自己要不要有领导力，是那些感觉受约束的人和感觉自由的人的区别，是那些认为自己的命运应该由别人来决定和认为命运掌握在自己手中的人的区别。”[4]从卢嘉敏对命运的“不安分”中，我们隐约看到了一名成功创业者所必须具备的一种素质——领导力。领导力不是天生的，需要后天的学习和培养，而卢嘉敏在后来创业过程中遇到的种种事情，也印证了这一点。

『我的人生我做主』

有人认为，选择大学决定你的四年，选择城市决定你的一辈子。站得高才能看得远，大城市的资源和机会更多，更能开阔眼界、增长见识，个人的发展空间也就更大。一个创业者眼界越宽、看得越远，事业就可能越有成就。

卢嘉敏坦言道："之所以选择在成都，是因为我的分数达不到北京和上海的录取要求，北京是华北的中心，上海是华东的中心，广州是华南的中心，但广州离家太近我不想去。而成都是西南的中心，所以，我就毫不犹豫地来了。"在专业的选择上，卢嘉敏表现出了一如既往的果断与坚决。"第一志愿的第一专业填的就是成都理工大学的广告学，并顺利被录取。"说这话时，卢嘉敏显得有些自豪。在别人看来，读成都理工大学的文科专业应首选热门的会计学、财务管理等专业，而卢嘉敏却将橄榄枝伸向了广告学。提及于此，她说原因很简单，性格中的不安分让她觉得其他专业有些死板且没有创意。"当第一次看到成都理工大学的这个专业时，我想都没想就报了名"。广告学需要创意性，符合自己内心与众不同的期许；加之，在初中时，她就学会了 Adobe Photoshop 等广告设计所必需的图像处理软件。因此，在进一步了解了广告学专业的培养体系和未来职业发展的方向之后，她自然而然地选择了这个中意的专业。

『时间浸润的天性』

卢嘉敏喜欢探索新知、接受未知挑战的个性，不仅影响了她对大学就读城市和专业的选择，也影响了她后来选择走上创业之路。"我从小到大喜欢看书，当时在'99 网上书城'买了特别多的书。读初一那会儿，在很多人都还不知道网购的时候，我就已经在网上购物了，有可能是我接受新事物比较快。"谈到自小培养的阅读习惯和先人一步的网购经历，卢嘉敏显得有些兴奋。

通过"东莞阳光网"，卢嘉敏结识了家乡各高校社团的同龄人。假期里，卢嘉敏与他们相互交流、分享成长经历与经验。她也时常参加各学校联合组织的实践活动，或是利用周末和暑假去香港、澳门参观博物馆，参加各种博览会、展览会等。“参与这些活动让我开阔了眼界，拓展了思维，锻炼了能力，也使我看到了自己与发达地区小伙伴的差距，我还需要不断地学习和努力。”

因为家庭并不富裕，两个哥哥都在上大学，为减轻家里经济负担，卢嘉敏常利用节假日去打工，赚些零花钱。“打工赚的钱虽然不多，却磨炼了我的意志，让我较早地接触了社会。”

『小试牛刀』

高二时，创办、销售校刊的一次经历，让卢嘉敏尝到了创业的甜头，萌生了创业的想法。当时东莞所有高中的文学社，都要按照各自学校的要求创办一本校刊。学校给予一定资金，文学社全权负责校刊的设计、印刷、出版和销售，且销售后的利润归文学社所有，这对当时还是高中生的卢嘉敏而言，相当于一次初步的创业尝试。身为文学社社长的卢嘉敏，欣然承担起了设计、排版、销售的重任。之后的销售环节中，往届的学生们通常都会把目标锁定在市区的几所邻近高中，但卢嘉敏却有不一样的想法。她认为，就像高中生向往大学生活一样，初中生也期待了解高中生活，到初中去销售校刊，销量可能会增加。于是，她另辟蹊径，自己到镇上、市区的初中去销售校刊。结果出人意料，校刊的实际销售量是预订印刷量的两倍，创下了学校有史以来的最好成绩。这次创业尝试，让她赚到了人生的第一桶金，共计 5000 元。

卢嘉敏拿到赚来的这笔钱后，恳请父母为其请了假，并来到了向往已久的大城市——上海，参加了期待已久的“中国 2010 年上海世界博览会”。对此，卢嘉敏说道：“上海是中国的经济中心，是国际大都市，文化比较浓厚，初中的时候从一些明信片、免费的乐卡上能看到上海，觉得上海很发达。上海召开世博会时，世界各国都来参展，世博会将历史、文化、科技领域的很多东西都展出了，让人大开眼界。”

所有的成功创业者都具有勇于创新、善于创新的共同品质。高中阶段，卢嘉敏在校刊销售上小试牛刀，体会到了创业的快乐。在这个过程中，她总结出一个道理：只要瞄准市场，敢于创新，赚钱也没那么难。以至于进入大学后，她时常会琢磨：做什么事情成本较小且市场较大，还能获取较多的利润？由此，创业种子悄然萌芽并逐渐自由生长。

『天高任鸟飞』

从东莞来到成都，18 岁的卢嘉敏开启了新的人生旅程。本以为没有了父母的管束，没有了班主任的监督，可以随心所欲地做自己想做的事情。但事与愿违，她用了近半年的时间来适应成都的气候和大学生活，这出乎了她的意料。

大一时，鉴于所学的专业，卢嘉敏加入了学生社团，她希望能像高中一样，能结识一帮志同道合的朋友，能在社团里大显身手，现实却事与愿违。在社团里，她从事的手绘工作并不是自己的特长，且学生社团里的某些官僚作风和刻板制度让她觉得局促，这让崇尚自由、习惯了自己做主的卢嘉敏感到极不适应。经认真分析自己的优势和特长后，卢嘉敏决定结合所学专业，找一份关于营销推广的兼职工作，一边了解社会，一边寻找合适的创业机会。

回顾卢嘉敏从小学到大学的成长轨迹，无论是广泛阅读、中学时从事的兼职创业，还是只身前往深圳、香港、上海等地参观、学习，她都在有意识地拓宽自己的眼界。与此同时，她对自身能力和素质的提升始终围绕着一条主线，那就是专注于兴趣、发展爱好、发挥特长。这些训练和培养无疑为卢嘉敏后来的成功创业奠定了坚实的基础。

微分享

创业者感悟

大学生充满创意，但这些创意点落到社会实践中就不一定有效。如果只是拿一个创意点去创业的话，基本上都会失败。

建议大学生在创业前先工作，了解成熟公司在组织架构、运作模式、团队管理等方面的运作，积累起这些经验后再去创业。

大学生创业的优势在于年轻、不怕失败。因为年轻，所以有“试错”的机会，即使失败了，还可以从头再来。

大多的创业者会从创业前期的“激进派”逐渐变成“平稳型”操盘手。

互联网创业最重要的就是创新，不进行创新探索将会被时代所抛弃。

〖测试〗你适合创业吗？[5]

创业道路充满挑战，与成长虽相伴而行，但并非每个人都适合创业。美国 HMO 协会设计了一份测试题，可以帮助有创业梦想、向往创业的人对自己进行一个初步的了解。

以下每道题都有 4 个选项：A.经常；B.有时；C.很少；D.从不。请根据实际情况在相应的选项内打钩。

题目	选项			
1.在急需做出决策的时候，你是否在想："再让我考虑一下吧？"	A	B	C	D
2.你是否为自己的优柔寡断找借口说："是得慎重考虑，怎能轻易下结论呢？"	A	B	C	D
3.你是否为避免冒犯某个或某几个有相当实力的客户而有意回避一些关键性的问题，甚至表现得曲意奉承呢？	A	B	C	D
4.你已经有了很多写报告用的参考资料，但仍责令下属部门继续提供？	A	B	C	D
5.你处理往来函件时，是否读完就扔进文件筐，不采取任何措施？	A	B	C	D
6.你是否无论遇到什么紧急任务，都先处理掉你自己的日常琐碎事务？	A	B	C	D
7.你非得在巨大的压力下才肯承担重任？	A	B	C	D
8.你是否无力抵御或预防妨碍你完成重要任务的干扰和危机？	A	B	C	D
9.你在决定重要的行动计划时，常忽视其后果吗？	A	B	C	D
10.当你需要做出很可能不得人心的决策时，是否找借口逃避而不敢面对？	A	B	C	D
11.你是否总是在快下班时，才发现有要紧的事没办，只好晚上回家加班？	A	B	C	D
12.你是否因不愿承担艰巨任务而寻求各种借口？	A	B	C	D
13.你是否常来不及躲避或预防困难情形的发生？	A	B	C	D
14.你总是拐弯抹角地宣布可能得罪他人的决定？	A	B	C	D
15.你喜欢让别人替你做你自己不愿做而又不得不做的事吗？	A	B	C	D
合计				

计分标准：选 A 得 4 分，选 B 得 3 分，选 C 得 2 分，选 D 得 1 分。

结果分析

50 分以上，个人素质与创业者相差甚远；

40～49 分，不算勤勉，应彻底改变拖沓、低效率的缺点，否则创业只是一句空话；

30～39 分，在大多数情况下充满自信，但有时犹豫不决，不过没关系，有时候犹豫是成熟、稳重和深思熟虑的表现；

15～29 分，你是一个高效率的决策者和管理者，有望成为一个成功的创业者，具有良好的心理素质和坚忍不拔的毅力。

温馨提示：测试只是一种辅助了解自我的手段，结果仅供参考。

『崭露头角』

其实创业本身一点都不神秘，而是充满了判断，充满了抉择，需要机遇，需要勇气，需要果断。

——李彦宏(百度公司董事长兼首席执行官)

缺少资金、缺乏经验、没有人脉是大学生创业者相较于社会创业者的最大劣势。卢嘉敏高中的创业经历不仅让她赚到了丰厚的第一桶金，也帮她积累了一定的行业经验和人脉资源，这为后来的正式创业奠定了基础。

初入社会，卢嘉敏来到了成都的一家互联网公司，该公司依靠互联网平台向网民免费提供医学美容(以下简称医美)的咨询服务，卢嘉敏负责网络的营销及推广。在这里，卢嘉敏踌躇满志。作为一名资深的“网络原住民”，卢嘉敏则笑称自己为“网虫”。初一时，她就开始网购，远比同龄人拥有更多的网络使用经验。2005 年，豆瓣成立后，在很多人都还不知道其为何物之时，卢嘉敏已是豆瓣网的铁粉。各种贴吧、社交网站成为她打发碎片时间的“首选”。由此，卢嘉敏对互联网的技术操作了如指掌，再结合市场营销和推广等的专业知识，工作上也得心应手。兼职期间，她的业绩一直在公司排名第一。不到一年，她便挣到了一笔可观的收入。这笔收入不但可以自付学费、生活费，还能补贴家用，这让卢嘉敏再次体会到了奋斗的快乐。

『学习中成长』

由于能力突出，卢嘉敏成为公司推广部的业务骨干。2013 年 6 月，公司决定派她到重庆总公司工作。经过深思熟虑后，卢嘉敏决定休学一年。一方面，全职工作可以赚更多的钱；另一方面，她可以更全面、细致地了解公司运作。在重庆总公司的工作期间，卢嘉敏全方位地了解到了公司的业务内容。也就是在这一年，公司员工突破了100人，年交易额近5千万元。公司“借力”互联网成长起来的真切历程，让卢嘉敏看到了“互联网+医美”创业的市场机会，创业的想法在她的脑中闪现并逐渐成形。

在市场消费需求的推动下，各种整形机构如雨后春笋般的出现。但整形机构的资质真伪难辨，医生的头衔、资质虚实难分；市场信息不对称、价格不透明、胡乱高收费、手术高风险、医美产品鱼目混珠；整形失败的案例频频曝光，给整形者造成心理阴影，这些负面效应让消费者们望而却步，成为许多医疗美容机构发展的痛点。然而，消费者的遭遇和尚未满足的需求却正是新商机所在。优秀的创业者总是能从问题中发现别人识别不了的潜在机会。当初，卢嘉敏敏锐地察觉到了这个市场机会，果断地以“互联网+传统医美整形”的运营模式，建立起了连接消费者与医美机构的O2O平台，打造出一个“全方位、立体式”且覆盖术前、术后的服务价值链。如今，该平台已发展成为国内名列前茅的在线医疗美容第三方服务平台。公司已经在全国34个省、市、自治区和三千多家医院、一万多名医生建立了合作关系。2016年交易额达2.5亿元。回顾2012年刚入职时的情景，公司当时处于起步阶段，其员工不到10位。一路走来，卢嘉敏见证了公司的成长过程，也在此期间不断地学习和总结公司取得的成功经验。

清华大学汤珂教授曾总结过互联网的核心思维，其中最重要的一条就是：以客户为中心，免费为先，重在用户体验，珍视企业口碑[6]。相比传统企业，互联网企业的运营理念强调开放、分享。例如，小米手机，它的成功之道在于重视用户体验，根据用户的反馈意见对手机进行更新，以此形成良好的口碑效应。卢嘉敏所在的公司也正是抓住了互联网开放、共享的精神，以用户为中心，为用户提供免费的服务，专注于用户体验，用免费的商业模式延长商业价值链，从而实现持续收益，促使公司快速发展。

微分享

“免费”？这只是一种商业模式[1，7]

企业利用互联网技术，通过免费的商业模式逐步做大、做强。淘宝创立之初，允许商家在淘宝上免费开店，而在其他的购物平台上开店是要付费的，所以，商家都汇聚在淘宝平台上开店，一搜就能搜出一万多个店铺。免费开店没问题，但如果想把自家的产品排在搜索结果的前面，就要向淘宝平台交增值服务费。如今，阿里巴巴已成为中国最赚钱的互联网公司之一，是淘宝建立之初通过免费的商业模式成功汇聚人气发展起来的结果。又如，当支付宝推出时，实行免手续费，因此很多人成了支付宝的用户，支付宝也由此聚集到大量的资金，成功开发了余额宝。

免费的商业模式实质是通过使用免费的产品或服务，快速聚集到海量用户后，通过电子商务、做广告等增值服务方式来实现新的收益增长点。免费的商业模式打破了传统的商业模式束缚，同时又建立起新的价值体系。

『北京点燃创业梦』

2014 年初，卢嘉敏随公司核心骨干到北京拓展新的业务市场。2014 年 9 月，李克强总理在夏季达沃斯论坛上表示，要在 960 万平方公里土地上掀起一个“大众创业”“草根创业”的新浪潮，形成“万众创新”“人人创新”的新态势。之后，2015 年的中国迎来了新一轮的创业浪潮。

在热烈的潮头涌动中，每个人都是参与者。如同，改革开放浪潮席卷全国时，人们都在问：“您下海了吗？”。同样，2015 年的中国，人们都在问：“您创业了吗？”在这股激情澎湃的创业大潮中，北京中关村响应得快一些，随处可见手持创业方案，寻求投资方的年轻人。当时正在中关村的卢嘉敏见证了这激动人心的场景，也结识到一群有创意、有想法、有激情、敢拼搏的逐梦青年。从他们身上，卢嘉敏学到了很多东西，也点燃了自己的创业梦。

『合作共赢是正道』

卢嘉敏身处一个摸着石头过河的网络创新公司，其团队成员大都是 20 岁出头的年轻人，大家怀揣着创业梦想，在工作中大胆创新，这一点被公司上层敏锐地捕捉到了。为了快速拓展业务，扩大在各地的影响力，公司开始尝试通过全员创收战略来激发员工的积极性。每个部门可以根据自己的业务状况出点子、提建议，由此许多方案不断地成为新的盈利点。全员尝到了创收的甜头，公司也更加开放地鼓励员工创收，甚至创业。

此时此刻，卢嘉敏敏锐地意识到创业的机会来了！但自己是借助公司已有的资源平台做好创业前的准备，还是另起炉灶？卢嘉敏思量再三后认为，虽然自己在公司算是有资历的员工，但一直负责的是网络推广版块的业务，除此之外，自己对公司的组织构架、运营模式、员工管理、财务管理等的认识还停留在了解层面，不足以能胜任独立运营公司。自己若脱离公司出来单干，既没有创业伙伴，也没有团队，仅靠个人单枪匹马、孤军奋战，创业几乎不可能成功。再者，从行业的发展态势来看，医疗美容属于朝阳行业，未来几年的发展潜力和市场机会仍很大，不应急于一时，在尚未准备好的情况下草率地创业。更何况，当时公司还在各地区陆续地扩张市场，卢嘉敏意识到应在公司拓展业务、筹备成立分公司的过程中，更多地学习、了解新公司的筹备、运作等管理企业的必备知识，等学到过硬本领后再创业，成功的把握将会更大。

目前，公司在北京的业务拓展得很顺利，与公司合作的医美机构迅速增加，原有的推广团队已经不能满足快速增长的业务需求，急需组建一支新的专业化推广团队。卢嘉敏的业绩在全公司是最好的，她不愿停留于仅为公司出点子、提方案，更不愿错失一次创业机会。卢嘉敏灵机一动，不如以自己擅长的网络推广业务与公司谈合作，牵头组建、管理一个团队。但是，没有任何管理经验的卢嘉敏能胜任吗？公司会相信她的能力，同意她的提议吗？

商场实践中获得的经验告诉她，说服客户最有效的办法是逻辑清楚、有理有据地告诉对方，自己能给对方带来客观收益。卢嘉敏分析后认为，对于公司而言，现实业务扩展的紧迫需求与她的提议间具有合理的嫁接点，由自己组建团队，并把独到的营销推广经验传授给团队，如果自己所带领的团队能让公司在北京的业绩斐然，公司决策层必定会同意。对卢嘉敏而言，在获得丰厚创业收入的同时，也能从团队管理中获得亲身体验，能进一步向公司证明自己在推广方面的独特能力，展示出自己在团队运营方面的才干，将来在创业时才有筹码跟公司进一步谈合作，这可谓是一举多得。

卢嘉敏拿定主意后，立即向公司提出这个想法，不出所料公司欣然同意。卢嘉敏以公司名义在北京招兵买马，很快组建起了推广团队，经过她的悉心培训，公司在北京的业务推广上大获成功，公司的业绩翻了几番，总部也对卢嘉敏更加信任和赏识。

创业需要激情，但激情并不等于成功。创业更需要理性，理性思考可避免因一时心血来潮做出决策偏差，理性的规划可以奠定坚实的创业基础，而理智的行动则可以提高创业成功的概率。卢嘉敏没有急于创业，而是选择先组建团队，这不仅体现出她良好的分析和判断力，也展示出她激情创业背后的理智，而这正是许多大学生创业者所缺少的。

微分享

创业者温馨提示

当下，大学生在培养创业意识、树立创业理想的时候，不要把思维局限在校园里、书本上，一定要主动走出去，到社会上多看看、多听听。“纸上得来终觉浅，绝知此事要躬行”，在不影响学业的前提下，找一份符合自己兴趣特长或者和专业相关的兼职工作来做，既找到了一个赚钱的机会，又可以积累工作经验。如果在所兼职的行业中表现优秀，就有机会独当一面，寻求更好的发展。

『再度合作』

当组建团队取得成功之后，卢嘉敏觉得创业时机已经成熟，便开始准备创办公司。但她与在公司工作了一段时间便脱离公司贸然创业的其他员工不同，卢嘉敏选择了与公司合作。

《荀子·劝学》言道：“假舆马者，非利足也，而致千里；假舟楫者，非能水也，而绝江河。君子生非异也，善假于物也。”卢嘉敏很清楚这一点。她认为，公司目前在全国有上千家的医疗美容合作机构，有相应的推广团队和娴熟的咨询团队、完善的咨询平台和客户服务中心，如果能借助公司的这些优势资源，在创业起步阶段专注于自己擅长的推广领域，创业成功的概率会大很多。如果不与公司合作，只依靠现有推广团队中少数几个愿意跟随自己的小伙伴，在目前情况下，想要复制公司的创业模式，单从技术和人员方面就很难突破。首先，自己和推广团队的小伙伴不擅长网站建立，公司的员工平等且收入不错，很难在公司挖走人才。其次，建平台、跑市场、做推广、做咨询等都要一步一步去做，团队成员能否胜任其他业务姑且不说，成员数量上就远远不够；况且，北京的人力成本高，大量招聘员工不太现实。最后的结局要么和脱离公司单独创业的大多数同事一样，小打小闹赚点小钱，要么扛不住创业初期的艰难和风险，很快就走向失败。

『未来已来』

然而，要以怎样的方式与公司长久合作？思索良久，卢嘉敏想到了“内部创业模式”。但“天下熙熙，皆为利来；天下攘攘，皆为利往。”无论做任何事情，只有参与各方都能受益，才可能持续地合作下去。但内部创业在公司尚未有先例。卢嘉敏清楚地知道，必须要找到一种既能与公司形成优势互补，又能实现互利共赢的切入点。借助敏锐的洞察力，卢嘉敏觉察到随着“今日头条”“一点资讯”“知乎问答社区”等平台的悄然崛起；微信、“美啦美妆”“美拍”“快手”等各种生活、娱乐类 APP 也随之不断地涌现；90 后、95 后的青少年作为公司主要目标客户，他们从小擅长利用网络，生活也非常依赖于网络，他们喜欢新鲜事物，并聚集在这些新平台上。层出不穷的新媒体、自媒体平台势必将成为公司获得顾客资源的重要渠道。健康服务管理平台跟做产品一样，营销推广是极为关键的环节，一个好的营销推广渠道能事半功倍。所以，新兴平台应是公司下一步急需去探索和测试的新渠道。然而，公司当时更多的是专注于在百度、微博上进行推广，对新渠道的探索较少，卢嘉敏打算以此为切入点与公司谈合作。

经反复琢磨后，卢嘉敏找到公司的创始人兼 CEO，提出与其共同成立一家新公司的想法：新公司作为总公司的子公司，成员由之前推广团队中的骨干和精选过的新生力量组成；新公司由卢嘉敏全权负责运作，主要负责总公司之前没有涉足的业务，在各大自媒体、新媒体平台上进行网络推广，推广中的粉丝和潜在客户的后期咨询服务等由总公司团队负责，新公司和总公司实行资源共享、利润分红。公司 CEO 听了卢嘉敏的提议后，觉得切入点实在，可以合作，便爽快地答应了。由此，卢嘉敏在北京成立了第一家合伙公司——北京讯赢科技有限公司。

微分享

内部创业

内部创业是指企业为了获得创新性成果以进一步提升竞争力而得到组织允诺、授权和资源保证之后所实施的一系列创业活动[8]。高水平的内部创业机制不仅能提升企业凝聚力，更能激发员工创新的动力，帮助企业形成创新的竞争战略。内部创业，从类型上分为公司内新事业部和公司外衍生创业[8-11]。

内部创业可视为公司创业的延伸，依托组织内部资源，重新整合、实现产品开发、组织结构的变化，创建新事业部等创新活动[12]。除了实体资源可以用作内部创业，企业文化在内部创业中发挥的作用也逐渐引起了学界的关注。“允许失败”的企业文化是鼓励创新创业的最佳注解。

『鱼和熊掌我要兼得』

对创业者来说，“内部创业模式”虽然具有自主权，但当对项目进行决策、投资、管理时，需考虑创造利润最大化，才能实现“双赢”。北京的人力成本和办公成本都较高，加之，卢嘉敏处于休学的第二年，再过半年就必须回到成都修完剩余两年的学业课程。难道要为了创业而放弃学业？这绝对不行。为了圆满完成学业，卢嘉敏决定提前为下一步做打算。在休学的一年多里，她接触了无数的创业青年和成功人士，从他们身上，卢嘉敏感受到了青春奋斗的力量，促使她对创业更加坚信。知识和能力就像创业者的一双羽翼，只有拥有了一双丰满而坚实的翅膀，在创业的路上才能飞得更高、更远，因而，学业与创业两者不可舍其一。于是，卢嘉敏决定回成都创业，计划在复学之前将公司成立起来。

2014 年底，卢嘉敏与创业合伙人商量之后，带着自己在北京工作时的一个得力小伙伴回到成都筹备创业。刚回到成都，除了继续做熟悉的医美行业外，卢嘉敏也想涉足其他行业，不少人建议她选择教育行业。起初，卢嘉敏试图模仿总公司的 O2O 平台模式，创办一家专门对接留学培训机构和消费者的网络咨询公司（中介公司）。但经过深入调查之后，她发现教育行业与医美行业的利润不相上下，竞争也很激烈，而且教育市场基本处于饱和状态。此外，线上的留学培训机构本身就较多，大都是在线下做得好再到线上做，自身客源比较稳定，基本不需要中介公司帮忙介绍客源，其中介平台的市场空间显然不大。加之，自己对教育培训行业也不熟悉，能不能做成功？卢嘉敏心里没有十足的把握。

常言道：“隔行如隔山。”百度总裁李彦宏曾以百度的成长经历给上海交通大学的同学提出了一个建议：“要做自己擅长的事情，要做自己喜欢的事情。”因此，创业者在选择创业项目时，如果能够扬长避短，选择自己感兴趣的、擅长的事来做，创业成功的概率会增大。特别是在创业初期，公司能否挺过艰难的生存期而存活下来，很大程度上取决于创业者对创业项目和所在行业的熟悉程度，卢嘉敏深知这个道理。在了解了很多创业项目之后，卢嘉敏最后决定还是从事自己熟悉的医美行业。此次创业的部分业务仍与总公司有合作，例如，公司发展前期的咨询业务外包给总公司，虽然两家公司在医美资源上存在共享，但这次创业实质上是卢嘉敏自主创业。

在北京时，无论是在公司旗下组建推广团队，还是通过内部创业模式与总公司 CEO 合伙创办子公司，办公场所、员工工资都是由总公司承担。而这一次，没有总公司的入股和投资，所有的前期费用都由自己承担。为了节省资金，2015 年初，卢嘉敏和北京过来的小伙伴，先租了一个套二的普通住房，用于办公和起居。为了稳妥起见，两人一开始并没有大量招聘员工，只是聘请了一位有工作经验的小伙伴，负责网站平台的建设，后来这位小伙伴成为卢嘉敏创业团队中的重要成员。网站建好之后，根据之前的经验，公司通过各大新媒体平台的免费渠道做推广测试。幸运的是，公司与原总公司有业务合作，可以共享市场上的医美资源，使卢嘉敏和伙伴不需过多地与各大美容整形机构联系，可以把更多的精力放在营销推广上。经过一个多月的不懈努力，推广测试成功，公司的订单量与日俱增。此时期，卢嘉敏和创业伙伴开始招聘员工，同时也拓展与其他医美机构的合作。2015 年 4 月，卢嘉敏成功创办起了自己的公司——成都好美丽科技有限公司。

2015 年 9 月，卢嘉敏开始了一边求学一边创业。谈起这段经历，卢嘉敏有些感慨："那段时间，自己在公司和学校来回奔波，常常是早上 6 点半就带着电脑出门，坐公交赶往学校，若下午有课，中午就在教室处理公司事务；事情多的时候在往返学校的路上也在处理，工作到晚上 12 点是家常便饭。特别是 2016 年 6 月，订单量一直上不去，又适逢期末复习考试，那时感觉自己真的快要兼顾不过来了，想要放弃，但那也只是短暂的念头。毕竟公司还有那么多人，我放弃了就是对他们的不负责任。"的确，创业是一种追求，更是一种责任，需要激情增强自我效能，更需要直面困难的勇气和永不放弃的精神。因为困难不能躲避，也没有人会替你去面对。"艰难困苦，玉汝于成"，每一个困境有着存在的意义和价值，在突破困境的时候，也就找到了更长远的发展途径。所以，当你想放弃时，告诉自己再坚持一下，或许就能"守得云开见月明"。正是这一次又一次的坚持，卢嘉敏体会到了"柳暗花明又一村"的喜悦，便一路走到了今天。

创业路上荆棘丛生。马云曾说过："对所有的创业者来说，永远告诉自己一句话，从创业的第一天起，你每天要面对的是困难和失败，而不是成功。"所以，在创业前一定要确认自己是否做好了随时应对困难和承受挫折的准备，是否具备了极强的抗压能力和顽强的意志力。当前，国家鼓励大学生创新创业，给予了诸多优惠政策，为大学生创业者提供了创业的平台与机遇。建议未来立志创业的大学生，优先把目光投向学校的创业孵化园，或者学校附近的创业基地，充分利用国家和学校给予大学生的扶持政策；再选择自己熟悉的领域创业，这样的创业起点相对容易些。

『我们是一个整体』

"当你感觉最累的时候可能就是你的上升期。很庆幸，我熬过了这段时间，拿到了本科文凭。"卢嘉敏高兴地说道。她能顺利渡过难关，得力于她的两位合作伙伴。在卢嘉敏复学后的学习期间，从北京一同过来的合作伙伴擅长搜索引擎的优化和推广，主要负责网络营销板块中搜索引擎的技术升级，也负责医美机构拓展、对接、咨询服务和客户术后服务的管理工作；成都本地的合作伙伴擅长网站建设，在各大自媒体平台上推广内容，主要负责公司旗下平台樱桃网(www.28yt.com)的建设、维护、更新以及网络营销板块中的内容建设；卢嘉敏则主要负责人员招聘、培训、薪酬及财务管理等工作。"他们俩帮我分担了很多事务，若没有这两位合作伙伴的帮忙，我一个人不可能走到今天。"卢嘉敏感激地说道。她庆幸自己的坚持，更感谢两位合作伙伴的鼎力支持。

理论研究和实践经验表明，团队创业的成功率普遍高于个人独自创业的概率，卢嘉敏的成功创业也证明了这一点。创业者在创业的路上，都会遇到未曾想到的问题和困难，如果身边有一群志同道合的创业伙伴，遇到问题一起解决，遇到困难共同克服，创业者就会感觉到团队合作的力量，体会到集体智慧的强大。

"当然，团队也有出现分歧的时候。但是，经过充分的沟通和交流，我们总是能达成一致的意见。"卢嘉敏毫不掩饰地坦言道。因为大家都是在为了公司能更好发展的基础上，没有私心，因而能坦诚交流、信任彼此。

微分享

创业团队组建原则

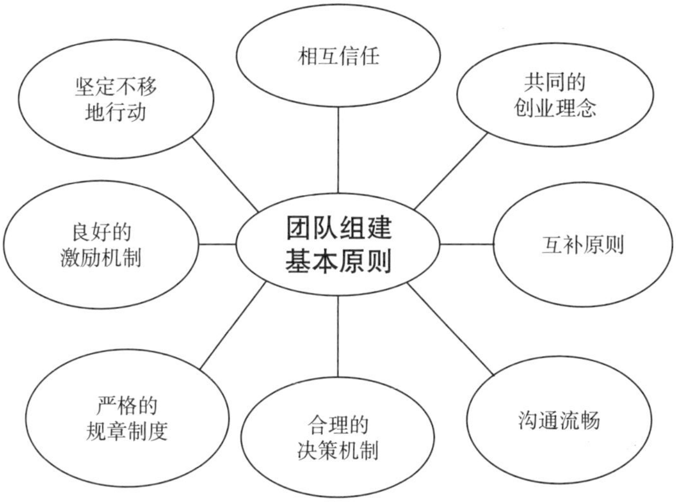

图 9-1　创业团队组建的基本原则[13]

〖测试〗你已经做好创业准备了吗？[14]

1. 你是否了解经营企业要有承诺，要长期承担责任，并且很辛苦？
2. 你确实清楚你为什么想创业吗？
3. 你是否知道创业通常是因为什么原因失败？
4. 你认为自己确实适合创业吗？
5. 你是否确切知道你需要改进哪些方面，才能成为成功的创业者？
6. 你是否测算过你有多少资金可用于创办企业？
7. 你是否测算过你能筹集到的资金足够你创业吗？
8. 你是否已有一个明确的创业构想？
9. 你是否知道谁将成为你的顾客？
10. 你是否已经明确你能给顾客提供的价值是什么？

如果你能对上述 10 个问题全部给出肯定回答，你可以开启你的创业梦想，否则说明你还没有做好创业的准备。

『拥抱变化』

任何一家企业，面临颠覆性创新时，唯一的应对之策，就是改变自己，拥抱未来。

——曾鸣（阿里巴巴集团学术委员会主席）

如今，成都好美丽科技有限公司月营业额已过百万元，公司独立拓展的医美机构有350余家，员工已达30余人，建立起了专属的咨询团队和客户服务中心。“站在巨人的肩膀上才能看得更远。”卢嘉敏一直向原总公司看齐和学习。借鉴原总公司的成功经验，卢嘉敏团队已经建立了较为完善的医美机构评价制度，构建了良好的医生评分系统，系统友好的操作界面既方便用户网上咨询，又方便公司查看案例，能方便、快捷地完成为用户匹配医生的需求。公司推出保险计划等“安全变美”保障，打消消费者的顾虑；公司通过客户管理系统,实时查看客户的服务流程，让服务水平通过平台化的控制得以提升，真正达到精细化的客户管理与服务。

“今年的总体目标是营业额超过两千万元”，卢嘉敏没敢把目标定得太高，因为目前公司又面临着一些问题和困难：之前的订单量一直是平稳上升的状态，而最近已有一段时间暂停上升了，刷新的难度加大。加之，许多平台都被加强了管制，很多免费推广渠道的推广效果不佳，科普贴、案例内容在这些免费推广渠道上容易被判定为广告。作为营销驱动型公司，若营销渠道不畅通，推广内容就无法上传或及时更新，消费者就看不到最新的信息，订单量自然也上不去。

对于当前的困难，卢嘉敏却心态平和、充满信心。团队根据市场需求，针对女性消费者，搭建美妆达人等微信公众号，也尝试在一些付费渠道上做推广。“公司突破点就是做内容，做网红的大号。目前的网红经济还不错，个人认为这就是我们公司的第一个突破点。将这些做起来后内容才会有所积累，公司才会有一个持续、长久的发展，才有口碑和累积效应。”卢嘉敏毫无保留地分享道。

“2016年里公司也曾有过这样的一段时期，上一个月的营业额是上涨的，当月的营业额却大幅下降，但全年整体营业额呈增长趋势。因此，我相信公司很快会走出低谷，之后我们便迎来了新一轮春天。”卢嘉敏坦言道。可见，这既体现出越挫越勇的顽强精神，也展示出“自信人生二百年，会当击水三千里”的乐观与自信。

面对各种新媒体平台的推陈出新，各种 APP 应用的更新，作为一名网络创业者，在享受互联网带来便利的同时，要怎样提升自己，才能在互联网的下一个风口分得一杯羹？其实，卢嘉敏已经给出了答案：让自己成为一个优秀的内容创作者，并适时调整，拥抱变化。

第三节　心之所向，努力远行

谈及未来，24 岁的卢嘉敏笑言：“公司的奋斗目标是打造一个完善的医美生态系统，让爱美者放心变美。”为了这个目标，卢嘉敏和员工们正在撸起袖子加油干。卢嘉敏既要管理团队的 30 余人，也要亲自做各种推广渠道的测试。涉及娱乐、社交、学习、阅读等的 APP，她的手机里安装了近百个。她始终相信，作为一个互联网公司，网络营销手段必须与时俱进，营销渠道做好了就意味着公司前进的路径打通了。

『虚心学习』

卢嘉敏每天都坚持抽出时间读书，《孙子兵法》《论语》等经典著作是她床头的必备书籍。她表示，自己不喜欢看那些所谓的成功学、心灵鸡汤类的书籍，最原始的才是最真实的。只有阅读流传了上千年的古籍，才能真正悟出做人、做事、管理的真谛。她也说道：“曾经看到过一句话：‘读过的书就像吃过的饭，早已融入了你的骨子和血肉里，让你成就了今天的你。’”

读万卷书，还得行万里路。除了看书，卢嘉敏每天都收看新闻联播，了解国家政策。此外，她还会经常参加国际、国内美容整形行业的各种峰会，了解行业的发展现状和趋势，避免自己因循守旧，与行业脱节。在卢嘉敏看来，作为一名大学生创业者，在创业之前，一定要先了解国家关于产业发展的宏观政策、了解政府对大学生的扶持政策，更要利用好这些政策；在企业发展的过程中，不但要了解政策走向，还要密切关注行业动态和同行竞争者的发展，做到因势而谋、因势而动、因势而进。

『眼界决定未来』

几年前，百度总裁李彦宏就曾预测，互联网即将迎来发展的下一幕——人工智能；腾讯公司控股董事会主席马化腾也曾提及：“未来主体是传统行业利用互联网技术，在云端用人工智能的方式处理大数据。”[15] 2017 年 3 月，人工智能首次被写入《政府工作报告》，鼓励智能技术的开发及深度运用，由此人工智能行业的春天悄然来临。

电影《中国合伙人》中有一句十分经典的台词：“成功者总是不约而同地配合时代的需要。”应时代之需，卢嘉敏于 2017 年 6 月 2 日在武汉参加完 2017 美沃斯国际医学美容大会，又赴美国参观、学习热门的人工智能。“我们需要走出去，国外先进的理念和技术，我们要引进来。”卢嘉敏团队希望通过人工智能技术提升用户与医生的沟通效率，让公司进一步做好医院营销中心、会员管理中心、医生专业助理和用户全程私人顾问的四大角色。为了能给用户带来更好的体验，公司在医院层面，结合医院的成立时间、经营历史、医生团队水平、设施设备数量及管理水平、用户评价等参数进行个性化推荐；在医生层面，结合学历、职称、执业年限、案例数量和质量、网上评价、用户评分等参数，通过智能算法得出综合评分，并实时更新，为用户提供辅助的决策参考；在用户层面，采取“大数据算法+顾问服务”的方式，根据顾客的喜好、整形历史、整形类型、整形目的和效果等不同需求，进行个性化的定制服务。“就像‘今日头条’根据用户的个性化需求进行有针对性的阅读推荐一样，或许我们也能像京东那样，在咨询中推出‘客户机器人’”。为了实现这个目标，卢嘉敏努力寻求更多的投资资金。

一个有前瞻性和大格局的企业，往往会在遭遇竞争对手的围追堵截时，从容地突破重围，或者在时代大变革的转型中脱胎换骨、实现飞跃[16]。反之，一个局限于眼前利益的企业，通常就会在遭遇竞争对手的后发制人策略时不知所措，或者在突如其来的大变局中迷失方向、遭遇溃败[16]。

『眺望远方，追逐梦想』

除了让公司发展之外，卢嘉敏对未来还有更长远的规划。“我希望公司发展到一定规模后，自己可以抽出身来做其他的项目。”互联网极大程度地减少了信息不对称，公司也正是利用网络解决了医美机构和爱美者之间的信息不对称而蓬勃发展起来的。但其他领域的信息不透明依然存在。例如，绝大多数的女性朋友一生只想有一次婚姻，都希望能举办一场独一无二的婚礼，但婚庆机构与庞大的消费群体之间仍然存在由“卖方主导”的市场机制。所以，一边是质量参差不齐的婚庆机构，一边是对个性化、定制化婚礼的旺盛需求。在旺盛需求的背后隐藏着多数消费者的担忧，他们担心找不到好的婚庆机构和好的婚礼策划师，如果是这样不但浪费金钱，还无法获得企盼已久的理想婚礼。究其原因，市场上缺乏一个高效率、透明化的咨询服务平台。卢嘉敏察觉到了这一市场空白，又想搭建一个婚庆咨询服务平台，为消费者提供真实、透明、可靠的婚庆机构信息，缓解婚庆行业多年存在的“信息不对称”“服务标准不健全”等问题。

卢嘉敏认为，像马化腾、李彦宏这样的互联网大咖，他们的成功是不可复制的。经仔细分析后，发现良好的教育背景是他们成功的前提。因此，卢嘉敏还有一个一直潜藏在心底的梦想，希望自己有一天能就读中欧国际工商学院的MBA或EMBA。这也是她当初再艰难也坚持不放弃本科学业的重要原因。

互联网时代是一条川流不息的河流，没有任何企业敢说已经定义了未来。只有虚心学习、拥抱变化，不断创新，才能在互联网创业的路上走得更远。卢嘉敏，这个直率、爽朗、爱笑的24岁女孩，正在以互联网为“长缨”，缚梦想之“苍龙”。

微分享

广告领域创业者“宝典”

基于“开放、共享”的互联网精神，互联网创业型新创企业须以客户为中心，以“免费”为先，重视用户体验，珍视口碑效应。

消费者遇到的问题和未满足的需求正是新商机之所在。创业者须具备对市场和机会的敏感性，并在识别机会之后果敢决策、迅速行动。

选择自己喜欢、熟悉的领域来做，创业就成功了一半。

坚持不放弃是创业者的宝贵品质，联盟者可以赢得未来。

思　考　题

1. 你认为本案例主人公创业成功的关键是什么？
2. 你认为本案例主人公在创业的过程中存在哪些不足？如何改进？
3. 本案例对你有什么启示？

本章思维导图

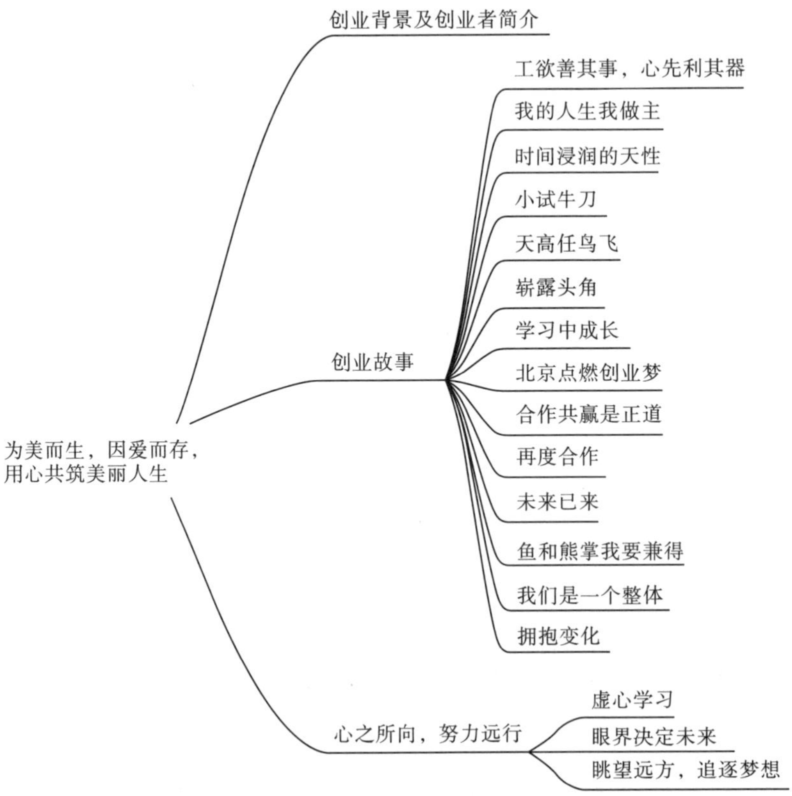

参考文献

[1] 李明，朱克力. 读懂互联网+[M]. 北京：中信出版社，2015：32，206.

[2] 中国产业信息，2016-2022 年中国医疗美容行业分析及未来投资战略研究预测报告[EB/OL]. [2015-11-05]. http://www.chyxx.com/research/201511/355549.html.

[3] 宗庆后. 宗庆后经典语录[J]. 农家参谋(种业大观)，2010，(11)：21.

[4] 彼德·圣吉. 第五项修炼[M]. 郭进隆，译. 上海：上海三联书店，1999.

[5] 海仪. 你有创业者潜质吗?[J]. 家庭科技，2005，(12)：37.

[6] 汤珂. "互联网+"的经济学[M]. 北京：清华大学出版社，2016：220.

[7] 周鸿祎. 周鸿祎自述 我的互联网方法论[M]. 北京：中信出版社，2014.

[8] 张武保，任荣伟. 藉以内部创业战略提升企业竞争力：行为与绩效——中国华为公司内部创业行动案例研究[J]. 华南理工大学学报(社会科学版)，2011，13(4)：24-32.

[9] Zahra S A. Governance，ownership，and corporate entrepreneurship：the moderating impact of industry technological opportunities[J]. Academy of Management Journal，1996，39 (6)：1713-1735.

[10] Knight G A. Cross-cultural reliability and validity of a scale to measure firm entrepreneurial orientation[J]. Journal of Business Venturing，1997，12(3)：213-225.

[11] Dess G D ，Lumpkin G T，McGee J E. Linking corporate entrepreneurship to strategy，structure and process：suggested research directions[J]. Entrepreneurship Theory and Practice，1999，23(3)：85-102.

[12] 李晶，陈忠卫. 内部创业型文化：内部创业与企业文化的耦合[J]. 科研管理，2008，29(2)：22-27.

[13] 李爱卿，叶华，吴璇华，等. 大学生创业基础[M]. 北京：清华大学出版社，2015：63，210.

[14] 杜海东. 创业启动与运营[M]. 北京：清华大学出版社，2014：62-63.

[15] 马晓宁. 马化腾：未来互联网是用人工智能在云端处理大数据[EB/OL]. [2016-07-06]. http://www.cnii.com.cn/incloud/2016-07/06/content_1749116.htm.

[16] 张近东. 格局决定结局[J]. IT 时代周刊，2014，(3)：11.

第十章　为创业插上公益的翅膀

做生意应坚持这样一个观点，就叫作获取利润之后的利润，核算成本之前的成本。学会让而不是学会送，商人的最高境界是让，送是慈善。

——冯仑（万通投资控股股份有限公司董事长）

我们生活在一个意义深远的转型期，改革空前而彻底。传统经营的思维模式已不再适用于这个日新月异的世界，数据资源给我们带来了更多的希望、更多的机遇。创业环境随着大数据、云计算、人工智能技术的发展不断变化，不断涌现出优质的新平台，代表着新兴思维模式未来的路。变革激励创新，思维引领成长。新时代的创业者需要有社会责任与担当，在创业中逐渐成长，年轻的创业者们以创业的方式为社会公益贡献力量。

创业企业的社会责任一直是创业领域研究和关注的热点。当今的创业模式日趋多样化，公益创业具有非营利的性质，是服务社会大众的模式，获得越来越多年轻人的青睐和响应。本章以从事公益创业的李冠潼团队的创业故事为主线，讲述他们运用专业所长从事公益服务事业的经历，为立志在文化创意类产业进行公益创业的学生及团队提供可行的参考建议。

第一节　创业背景及创业者简介

公益创业(social entrepreneurship)也被称为社会创业，是一种为解决社会问题，将商业手段引入公益慈善领域的新型创业理念和创业模式[1]。青年公益创业的兴起源于国家倡导、社会需求以及青年的意愿。伴随着“双创时代”的发展和公益理念的传播，研究者与社会大众开始高度关注公益领域的创业活动，公益创业组织油然而生。这样的创业方式不仅是对社会问题的关注和对弱势群体的关怀，更是一种致力于让社会更美好的投资[2]。

李冠潼，成都理工大学传播科学与艺术学院广播电视编导专业 2014 级 1 班学生，“心联盟”公益组织负责人。创立之初，“心联盟”团队仅有四个人，且都成了团队骨干（图 10-1）。团队创始人李路，经过仔细研读大学生创业的优惠政策后，认为可以结合专业技能做新的尝试，便组建了“心联盟”公益团体，并带领团队逐渐从青涩走向成熟。之后，李冠潼从李路手中接过“指挥棒”，成为“心联盟”公益组织的新负责人。在此之前，李冠潼负责团队的外交公关，与其他大学生公益组织保持密切联系。另外一个负责策划的成员叫熊骥，他思维跳跃，经常会有新想法产生。还有一个骨干成员则是郑文杰，他一直在学校的宣传部负责公众号的管理和微博编撰工作，且有四年的工作经验，因而负责团队的宣传和新媒体领域的相关工作。

图 10-1　李冠潼与团队成员合影

前排蹲者：李冠潼；后排从左至右：郑文杰、李路、熊骥

第二节 创 业 故 事

坚持初心并不容易。在移动互联网时代,人们容易变得浮躁，容易忘记最初的渴望。技术的进步给人们获取信息带来了方便，但便捷的技术却在潜移默化中影响了人们的观念，虚拟化的交流方式更易获得人们的青睐，并依赖于“刷脸”找到存在感。最初许下的郑重诺言，又有多少人还记得?

『不忘初心』

《华严经》有云：“不忘初心，方得始终。”告诫人们要坚持最初的想法，不受任何阻挠，一往无前。“心联盟”团队从创立至今亦是如此，所有成员始终记得当初许下的诺言，坚持为需要帮助的孩子们做力所能及的事情。

一开始，他们以普通志愿者的身份走进贫困山区，为留守的孩子们带去外面世界的知识。看到孩子们渴望关爱的目光，他们意识到仅依靠少数几个人，力量实在太微弱。在山区帮扶的日子里，团队成员不希望自己的活动成果仅由简短的采访文字和几张照片构成，也不希望他们所做的公益活动，仅限于小范围的传播。于是，他们想到利用互联网，使这些本应被关注的群体能得到社会更多的关爱。基于大家共同的愿望，“心联盟”公益组织由此正式成立。

最初，“心联盟” 公益组织用微信推送公益活动的信息。但事实证明，由于大学生的身份，他们拥有的社会网络关系较为单薄、网络联系也较为稀疏，推送的公益活动消息只在固定的几个微信群中宣传，并没有达到他们想要的效果。直到某一天，他们受到课程作业的启发，想到了用视频拍摄的方式来记录整个公益活动的过程，并将其发布到网络平台上，以此唤起大众对弱势群体的关注。运用这种宣传方式后，很快就有社会爱心人士打来电话，咨询怎样参与他们的公益活动。

浏览公益活动视频的人数不断增加，越来越多的陌生人通过视频了解到公益活动的价值，并自发地参与其中。由此，新的服务社会公益力量逐渐形成，团队成员的责任也越来越大。“我们需要让这个社会变得更美好，利用所学的专业影响现实世界，用所学的知识帮助更多需要帮助的人”。

坚持并沉下心来做公益。既没有高尚的标榜，也没有想要赚钱或以此盈利的想法，只有一颗踏踏实实想要为弱势群体提供帮助的心。“我们都是普通人，能够做到的就是伸出我们的双手，去帮助每一个需要我们帮助的人，用我们的心去温暖每一个需要我们温暖的心。”每一次当李冠潼收到孩子们感谢的小卡片时，她都格外的开心和激动。爱，可以传递。每一次当她扛不住现实的压力时，她都会想到孩子们送给她表达感激之情的卡片，又鼓起勇气继续奋斗。“我们需要有担当，用青春和年华，将爱的种子洒遍大江南北。初心很简单，只要我们愿意去做，去坚持，去践行，它将一直陪伴我们。”

『信念让我们坚定前行』

“在做公益的时候，有些同学不理解我们的所作所为。在他们看来，既然你有这样的专业能力，为什么不去做商业活动？商业活动的利润是一个公益活动的四倍或五倍，你有这个时间干吗不去挣更多的钱？何苦去做一些得不到回报的事情？但是，我始终觉得有能力的人去帮助暂时没有能力的人，这本身是一件很平常的事情，而且是应该做的。我做事一向追随自己的内心，对我来说，既然公益是自己喜欢做的事情，本能驱使着自己去做，那我为什么不把它做好？”李冠潼坦言道。

谈及对公益事业的看法，李冠潼娓娓道来：“做公益可以分成两种，一种是把公益事业当作职业，另一种是利用闲暇时间做志愿者。第一种，是因为想要改变。第二种，是因为内心深处的善良与正直。”“我看到农村的留守儿童因为从小缺少父母的陪伴，性格孤僻，不敢与人交流，我感到难过、不忍，我想改变这种局面；我看到孩子因为父母的无知而缺乏教育，我感到愤怒、忧心，我也想改变这种局面；我看到那些弱势群体，我想他们总需要一些人来关心，但现实总有许多身不由己，无暇顾及这群弱小的群体。然而，选择做志愿者的人，人格特质中就有一些特别之处，他们志趣相投、正义凛然，不求回报地默默付出。志愿者们不在意金钱和名利，相比于复杂的社会人际关系，跟他们相处、交往起来很单纯。即使周围的人不理解这样的举动，也并不能改变我对公益事业的热爱与执着，这将是我一生追求的事业。”

“其实，我并没有想过我的大学生活会以现在的这种方式度过。当初考上大学，我以为会特别的轻松，天天窝在寝室里打游戏、看影视、睡觉之类的。但自从‘心联盟’公益组织成立以后，课余时间里我都在外面跑，这和我想象中的大学生活完全不一样，忙而充实。在‘心联盟’公益组织里，我做了三年，这三年里我结识了来自不同高校、不同公益组织的同学。他们给了我很多鼓励，让我成长了不少，他们的经历和成就是我努力的方向。他们就像指路人，会给你很多的帮助。公益组织就像一个不断传递着的火炬，让我们将爱与责任不断地传递下去。‘星星之火，可以燎原’。即使现在的我们只是沧海一粟，但我相信，终有一天，会有更多的人加入进来，从事和我们一样的事业。到了那一天，我们的世界会变得更加美好。”李冠潼期盼地说道。

『公益创业虽苦却弥足珍贵』

面对“新常态”下的经济大趋势，许多年轻的创业团队乘着“互联网+”这股东风扶摇直上，也正因为如此，行业内的竞争异常激烈。当问及李冠潼团队在创业过程中遇见过怎样的困难时，她笑了笑说道：“困难太多了，不管是业务还是团队决策都会遇到。”

首先，团队成员意见不合。好的点子需要团队成员不断预判、讨论、否决、重拟。只有经过反复讨论，一个好的点子才能成为一份好的策划。在遇到意见冲突时，李冠潼选择了冷静，认真地进行了换位思考，站在对方的角度上分析问题，她要求团队每个人都尽量做到体谅、理解和充分沟通，心平气和地把想法说出来。当这些都做到时，矛盾便自然解开。

其次，在实践活动中遇到的挑战。“心联盟”公益组织创立于“互联网+”高速发展的大好时代，可是，创业并没有那么容易。他们付出的努力远不止“线上”的工作，大部分的时间和汗水分配给了线下的拍摄和剪辑工作。“公益故事人”是李冠潼团队的第一份拍摄工作。这个公益组织专门创作绘本，并将绘本捐赠给了山区里的留守儿童。尽管做好了吃苦的准备，但完成这份工作的辛苦程度仍然远超他们的想象。为了能让山区的孩子们了解成都的历史文化，活动当天，李冠潼凌晨三点就得出发，扛着摄像机跟着车队到大山里去接孩子们。山里的路十分颠簸，弯弯绕绕的小路考验着团队每位成员的身体素质。经过几个小时的颠簸后，大家感觉到不舒服，有的成员甚至呕吐到虚脱，但是没有人停下脚步。大家忍着身体的不适，拿着单反相机继续拍摄整个行进过程。当他们完成进山的素材拍摄后，又马不停蹄地协助活动主办方的工作人员，将孩子们接上驶往成都的车。到达成都后，李冠潼与工作人员顾不上休息，一起领着孩子们依次参观成都市图书馆、四川省科技馆。等孩子们兴致勃勃地参观完后，李冠潼又与公益组织的工作人员将每个孩子安全地送回家。但山间的小路泥泞难行，车不能直接到达，他们只能再走一段山路才能到达。活动当天，李冠潼早出晚归，等她结束工作后，回到成都已是夜里十二点。之前，她觉得大山里真人实景展示出了拍摄条件的异常艰苦，在电视上看到的片子应该有作假成分，这次亲身经历后才发现这些都是真实存在的。舟车劳顿还要兼顾长时间的拍摄，普通的女孩子可能是无法完成也不愿从事这样的艰苦工作。李冠潼坦言，的确也曾有过打退堂鼓的时候，但当看见孩子们质朴的眼神、家中昏暗的灯光、破旧的厨房、残缺的灶台时，她就有了想让所有人了解这些孩子现状的激情，有了帮助孩子们改变命运的强大动力。

除去上述现实中的种种困难与处境，让她感到最为难受的是别人的质疑声。互联网技术的兴盛，改变了传统意义上企业与消费者的关系界定，所有企业处在一个全新的生存环境当中，网络营销成为新创企业打开知名度的常用方式。在这样的大趋势下，李冠潼的团队也选择了网络营销。前期为了打开市场，他们为公益组织拍摄的首部作品免费，并与合作方达成共识，如果作品获得认可，下次合作才开始收费。这样的模式虽然会给团队带来一定的收入，但远不及为商业公司拍摄获得的收入高，仅能供团队维系正常的日常开支。许多同学和朋友都对他们的行为表示不解，甚至有人嘲笑，说他们这样做是在浪费时间和精力。然而，守着一颗为公益付出的赤子之心，李冠潼无法做到仅为了经济利益而抛下心心念念的公益事业。为了改变人们对“心联盟”公益组织创业行为的偏见，李冠潼带领团队不断地向外界证明着他们的追求与价值。

一项重要的活动让李冠潼团队感受到了坚持存在的价值，也就是“蓝丝带”关爱自闭症儿童公益活动(以下简称“蓝丝带”活动)。大多数的自闭症儿童因为生理发育的缺陷导致情绪不稳定，性格孤僻，无法做到像正常人一样与别人交流，这使得这些自闭症儿童长期生活在孤独的阴影之下。在现实生活中，由于许多人对自闭症儿童抱有偏见，有些家长在见到不善言辞和处事不妥当的自闭症儿童时将他们看作怪物，甚至禁止自己的小孩去接近他们，而他们的小孩自然也会觉得自闭症儿童是不同于己的异类，这就导致自闭症儿童群体越发地与社会脱离。“蓝丝带”活动的目的在于让人们更加了解自闭症儿童这一特殊群体，并努力地让社会接受他们，也让这一特殊群体能融入社会中。在与“蓝丝带”公益组织合作的过程中，李冠潼参与了“体验自闭症儿童世界”“玻璃房子”等了解自闭症儿童内心世界的活动，也跟随组织方安排小朋友们尝试着与自闭症儿童交流。在活动结束后，许多参与者对自闭症儿童的看法有了改变。自闭症儿童在与其他小朋友的活动交流中，也开始对外界事物产生了微妙的触动。这些丰硕的成果让李冠潼内心十分喜悦，她开始计划如何利用“互联网+”将这项活动推广出去，希望更多的人能投身到这项活动中，让人们更加了解自闭症儿童的内心世界。

移动互联网通过简单明了的方式将信息、网络互动呈现在社交网络上。利用网络的这一特性，李冠潼将“蓝丝带”活动的宣传片、照片、花絮、集锦在各大社交平台上放送，让身边更多的人去关注、分享。通过社交媒体，人们了解到了自闭症儿童这样一个需要关爱的特殊群体，也了解到了“心联盟”公益组织的理念及社会价值。许多人由网络平台播放的“蓝丝带”宣传片，慕名而来，表达了想要帮助自闭症儿童的愿望，有人甚至找到了“蓝丝带”的线下公益组织，现场咨询可通过什么途径帮助到这些自闭症儿童。

“蓝丝带”活动的成功举办给李冠潼及团队获得广泛认可带来了机会。在活动宣传过程中，成都不少繁华地段的商家表示，每年都可以为“心联盟”公益组织提供开展活动的场地，并给予一定的资金赞助。这极大地触动了李冠潼，不仅让她感受到了“互联网+”的网络传播效应，也让她看到了今后“互联网+公益创业”发展的无限可能。

创业者在创业道路上一路打拼，总要历经艰辛后方得喜悦。谈及创业维艰，李冠潼笑言道：“苦不苦？想想红军长征两万五千里就不苦”。的确，没有人能随随便便的成功。在坚持理想、保持初心的创业道路上，需要努力抓住一切机遇。“互联网+”给如同李冠潼一样的公益创业者带来了无限的机遇。初战告捷，未来的画卷似乎已展开在等待着他们。但公益创业者甘苦自知，与营利性企业不同，公益性创业企业没有丰厚的资金来源，如何实现良性循环？在这条通往理想的道路上仍需披荆斩棘，勇敢挑战。

第三节　认识自己，再次出发

真正认识自己的人，才是最有力量的人。

——苏格拉底（古希腊著名的思想家、哲学家）

李冠潼认为，自己和团队的成长是顺其自然的。她会经常性地反思自己的思维方式以及对团队的管理效果。对于现在“心联盟”公益组织发展面临的问题：拍摄技能无法满足行业需求。李冠潼表示，团队现有的能力和技术水平不够。在实际工作中，任务本身需要拍摄者具备更高的专业水准。对此，李冠潼从自己做起，同时要求团队成员，通过广泛地阅读摄影类专业书籍、与业界高水平摄影师讨论、用新技术反复练习视频拍摄等方式提高专业水准。

出于创业发展的实际所需，熟练运用“互联网+”技术是新创公司普遍采取的发展策略。在移动互联网时代背景下，云、网、端构建的基础设施，大数据为新生产要素，以大规模社会协同的分工体系为支撑，以人工智能为新增长点的新技术，将其运用于实体经济中，能够促进企业转型升级与产业结构调整。若运用在增量的新创企业中，能进一步推进创业创新[4]。那么，运用于公益创业，又能产生怎样的火花？这值得公益创业者认真思考。

『新青年、新创业、新方式』

新时代，新机遇。作为一种新型的创业组织形式，公益创业带给李冠潼团队潜在的增长空间和发展机遇。尽管在创立初期，“心联盟”公益组织在寻求合作的过程中曾几经碰壁，许多公司对李冠潼团队的运营模式和企业动机存在质疑，对大学生创业团队从事公益创业存在偏见，但经过李冠潼团队的不懈努力，甚至是不计报酬的付出，随后越来越多的企业向“心联盟”公益组织伸出“橄榄枝”，促使他们在公益创业的道路上越走越顺。

“我们团队的存在带有强烈的社会使命感，虽然不同于非营利组织，但在‘心联盟’公益组织中加入商业经营的管理方式，是我们保持团队良性发展的一种选择，也是希望能持续开展公益性活动，继续履行社会使命。”

据统计，中国的非营利组织数量不多，与发达国家还有一定的差距，我国的公益创业仍处于起步阶段[5]。类似“心联盟”这样的公益创业组织在中国是值得被推广的，主动寻找社会目标和经济回报之间的平衡点，发挥自身优势和长处，在承担社会责任的同时，不增加企业运营成本[6]，公益创业企业将会在中国得到发展，也必将拥有新时代中国特色的烙印。

『溯洄从之，道阻且长』

回顾过去，“心联盟”公益组织在创业的路上小有成就，但这远远不够。展望未来，“心联盟”团队尚有许多问题亟待解决。低价竞争的场景已逐渐退去，站在消费者的立场上，“物美”远比“价廉”更重要。新创企业如果想要提高产品或服务的知名度，就必须重视和满足客户需求，特别是线上的消费体验。在互联网创业风潮中涌现出的价值规律和经验，均值得“心联盟”公益组织的团队成员学习与借鉴。

从互联网新创企业发展、演化的路径来看，初期的“井喷式”发展并不适宜具有增长潜力的新创企业去模拟。尤其对大学生新创企业而言，寻找到适合自身的定位，是这类新创企业面临的关键性战略选择。国内的公益性创业尚处于新阶段，民众对其认可和接受程度有限，类似“心联盟”这样的公益创业组织需借助“互联网+”，深度挖掘创业内容，提升创业服务品质，激发社会大众内心的善念，营造社会慈善的良好氛围，让更多的人认知和参与公益创业。

思 考 题

1. 本案例主人公的创业过程对你有何启示？
2. 请叙述自己对公益创业的理解？

本章思维导图

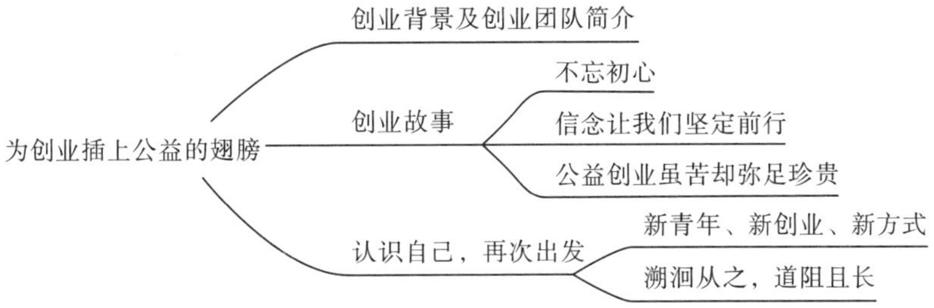

参 考 文 献

[1] 王扬眉，俞玥颖，泮巧楠. 美国公益创业教育对中国高校的启示[J]. 商业经济，2015，(5)：166-168.

[2] 钟一彪. 青年公益创业：为何而生与如何更好[J]. 中国青年研究，2016，(4)：10-13.

[3] 傅慧芬，赖元薇. 消费电子品品牌社交媒体内容营销策略研究——基于联想、华为、HTC 和三星微信公众号的内容分析[J]. 管理评论，2016，28(10)：259-272.

[4] 畅婉洁. 对话全国人大常委会委员、经济学家辜胜阻[EB/OL]. [2015-07-08]. http://news.ifeng.com/a/20150708/44126907_0.shtml.

[5] 刘蕾. 基于大学生公益创业能力提升的教育支持体系研究[J]. 江苏高教，2017，(11)：84-89.

[6] 王漫天，任荣明. 公益创业及其在中国的发展[J]. 安徽师范大学学报(人文社科版)，2008，36(2)：213-217.

附录一　建设西部文创中心行动计划八大重点发展产业内容表[①]

重点产业	重点方向	发展内容
传媒影视业	现代传媒	打造新型传媒集团。创新体制机制，坚持内容为王，加快深度融合，推动市广播电视台、成都日报、成都商报、成都晚报等传统主流媒体向全媒体转型升级。组建成都广播影视集团，加大资本运作力度，努力把市广播电视台、成都传媒集团建设成为综合实力全国领先的新型传媒集团。推动《每日经济新闻》建设全国领先的内容制作平台、网络传播平台、人才培训平台、对外宣传平台，成为具有国际知名度、全国一流的财经类媒体集团。支持市级主流媒体“中央厨房”与各区(市)县主流媒体渠道互通、资源共享 大力发展新媒体。支持市广播电视台、成都传媒集团依托互联网、大数据、云计算、5G等现代信息技术，构建新型高效、技术先进的融媒体新闻采编平台，打造“内容+平台+终端”的新型传播体系，实现新媒体内容产品从可读到可视、从静态到动态、从一维到多维的升级融合。支持在蓉社交媒体有序发展壮大，整合现有新媒体产品，全面提升影响能级，打造1～2个用户过亿、5个用户过3000万的新媒体产品，形成红星、锦观、看度等具有全国影响力的新媒体品牌
	数字出版	加快传统出版业转型升级。推动数字技术、网络技术与传统出版业融合发展，生产满足用户多样化、需求个性化、传播多终端的出版产品。推动印刷业“绿色化、数字化、智能化、融合化”发展，促进传统印刷企业建立绿色环保印刷体系，向“高、精、专、特、分众服务”方向发展 延伸数字出版产业链。支持开发数字出版原创内容产品，探索建立大型数字出版数据库，加快发展数字化出版。鼓励出版发行企业积极推进技术、产品、服务和商业模式创新，做大做强数字阅读产业，带动网络文学、出版发行、游戏开发、影视制作、数字期刊、学习教育、数字音乐及衍生产品开发生产等相关行业发展。 加强数字出版平台建设。打造中国西部文化城数字出版基地，搭建数字出版内容生产及交易应用平台；推动成都音像出版社网络视听版权交易中心建设，搭建版权登记交易平台
	影视娱乐	推进集聚发展。鼓励改造利用老旧厂区、厂房，打造一批国家、省级影视产业基地。引导内容策划、拍摄制作和发行销售等行业高端企业来蓉发展，扶持培育一批影视领军企业。支持3D及4D影视和激光影视等新技术应用。建立智能影视产业链，大力发展互联网影视产业，推动成都成为互联网影视企业集聚、具有一定国际影响力的互联网影视产业重镇 拓展传播渠道。坚持市场主导、整合资源，大力发展规模院线、特色院线和数字院线，推进重点镇多功能数字影院建设，扩大高清电视用户群体的覆盖范围，鼓励交互式网络电视、视频点播、手机电视新型业务应用 促进产业转化。做实中国网络视听大会平台，建设高朋视听产业园区，推动全国知名视听企业核心业务落户成都，建立涵盖产品创意、生产制作、内容传播、技术研发、基础电信服务等各环节的网络视听产业链，建成中国网络视听内容生产中心

① 成都市人民政府.中共成都市委 成都市人民政府关于印发《建设西部文化创意中心行动计划(2017—2022年)》的通知[EB/OL]. [2018-2-23]. http://www.chengdu.gov.cn/chengdu/home/2018-02/23/content_d4d72fd2e6d64db78016efc6d4c3f082.shtml.

续表

重点产业	重点方向	发展内容
创意设计业	工业设计	运用新兴技术。围绕电子信息、消费电子、航空装备、汽车制造、家居家电、新能源装备、轻工食品等领域，运用大数据、数字化技术、网络协同、增材制造、人工智能、虚拟(增强)现实、交互设计等新技术，壮大工业设计业规模，提高工业设计业水准 培育设计品牌。引进培养一批工业设计行业高端人才，培育壮大一批工业设计领军企业，加快德国 iF(成都)设计中心等项目建设，建成 2～3 个省级工业设计示范区、100 个市级以上工业设计中心，打造具有国际影响力和竞争力的工业设计品牌 制定技术标准。倡导“大工业设计”理念，加强工业设计战略趋势研究，积极参与行业标准制定，加大信息化设计、过程集成设计等共性关键技术研发，开发具有自主知识产权的关键设计工具软件，推动“成都制造”向“成都智造”转变
	建筑设计	融入绿色环保理念。围绕城市规划、建筑工程、室内设计、概念设计、智慧生活设计等领域，深度融入绿色、人文、智能、时尚等理念，注重城市特色风貌的保护与管控，优化城市建筑文化形态，提升建筑设计文化品位，推动建筑设计业转型升级、创新发展 提升市场竞争能力。学习借鉴国内外先进经验，引进培育一批具有核心竞争力的“专、精、特、新”建筑设计企业、个人工作室、事务所，形成特色建筑设计品牌。 延展核心产业链条。大力发展规划咨询、概念设计等产业链高端环节业务，加大对建筑材料、装饰材料、装备用品等的设计研发应用
	景观设计	加强城市景观设计。创新环境设计，推动在城市广场、商业街区、公共绿地、地铁及机场站点等公共空间融入文化创意，打造具有天府文化特色的城市景观体系 优化社区景观设计。促进文化创意与社区融合发展，鼓励在教学区、办公区、居民区、小街区等区域，设计与建筑风格、环境氛围、文化特色相呼应、相协调的人居景观 强化景区景观设计。促进文化创意与风景融合发展，鼓励在风景区、旅游区、度假区等景观设计中进一步突出人文理念和生态本底，实现人与景观共生发展，打造具有天府韵味的景区文化景观空间
现代时尚业	时尚服饰	提升设计能力。依托在蓉高等院校及服装设计机构专业优势，引进一批国内外一流的服装服饰设计机构入驻成都，聚集一批在国内外有较大影响力的设计大师或工作室 打造知名品牌。引进国内外知名时尚服饰企业，鼓励在蓉服装服饰企业强化品牌建设，推出一批具有较大影响力的时尚服饰品牌 构建载体平台。重点布局国际时装博物馆、中国成都凤凰国际时尚艺术社区等载体平台，建成全国时尚服饰发布交易中心，举办具有国际影响力的设计与艺术博览会
	时尚用品	促进融合发展。推动创意设计、现代科技等时尚元素与漆器工艺品、雕塑工艺品、蜀锦蜀绣工艺品等传统工艺品相融合，提升传统工艺品的现代感和实用性 促进个性发展。大力引进培养各类时尚用品的高端设计制作人才、管理人才和营销人才，以日化用品、黄金珠宝首饰、家具家居、智能穿戴、时尚数码消费品等为重点，丰富实用美观、技术领先、品种多样的产品，发展个性化定制，打造一批成都时尚用品品牌。大力推进绿色设计发展，重点布局少城国际文化创意硅谷、蓝顶当代艺术区、川港创意产业园等园区，引领低碳、绿色、健康、智能、时尚生活方式
	时尚服务	健全时尚服务体系。创新发展时尚服务、时尚传媒服务等时尚服务业，构建时尚流通体系、时尚消费促进体系和时尚流行传播体系。加强各类时尚研发设计中心、时尚智库、时尚咨询机构建设，积极吸引国内外时尚设计咨询企业入驻成都。支持引进国际顶尖时尚人才中介组织、行业协会和时尚专业院校等时尚综合服务平台，加强时尚人才培养 创新时尚服务营销模式。鼓励开展电子商务、O2O 等多元化的时尚销售和贸易服务，积极探索众筹营销、网上定制等新型营销模式，打造一批线上线下融合、集产品设计、展示、体验、购物等功能为一体的时尚“街、廊、馆、店、场”

续表

重点产业	重点方向	发展内容
	音乐演艺	加强人才培养。聚集培育国内外音乐创作、演唱、制作、研发、经纪、传播等音乐人才，支持音乐创作、音乐选秀和音乐梦工厂等音乐人才培养活动 搭建发展平台。高标准建成城市音乐厅、露天音乐广场，高水平运营成都演艺中心、东郊记忆音乐公园，支持国内外知名演艺企业在成都新建、改建、收购或租用剧场，促进国内外优秀演出剧目汇聚成都。支持举办国际友城青年音乐周、音乐产业峰会、草莓音乐节、国际音乐诗歌季、成都汽车音乐节、春浪音乐节、西部音乐节、成都戏剧节等各类音乐活动。支持举办成都国际音乐(演艺)设施设备博览会，打造成为音乐产业展览、展销、展示、展演为一体，国际知名的音乐产业交易平台。加强与移动、腾讯、锐丰科技等企业合作，建设在线原创音乐平台 打造原创基地。推进国家音乐产业基地建设，建成领先全国的乐器及音乐设施设备集散地、版权交易地、演出聚集地，推动成都成为全国原创音乐精品生产基地
音乐艺术业	艺术品生产与交易	支持艺术品原创生产。吸引优秀创作人才，鼓励国内外工艺美术大师等移居成都或设立工作室，支持蓝顶、浓园、西村、明月村、无根山房、完美世界、邛窑十方堂等原创艺术基地和艺术家聚落发展壮大。推广天府画派，支持文学及艺术品IP运营。鼓励企业拓展文化创意产品开发投资、设计制作和营销渠道，开发一批艺术性和实用性有机统一、适应现代审美情趣和生活需求的艺术品及衍生品 促进艺术品贸易便利化。打造国际化原创艺术品集散地，促进国内外优秀原创艺术品在成都汇聚、发布和交易。鼓励画廊、艺术品经营公司、艺术事务所等做强做大，健全集艺术品评估、鉴定、拍卖、定制、展示、保险等服务于一体的艺术品交易线上线下全产业链。推进自由贸易试验区建设，支持在海关特殊监管区域(保税监管场所)内开展艺术品保税业务，为境内外艺术品生产、物流、仓储、展示和交易提供服务
	非遗生产性保护	促进非遗传承创新。引导非遗创新发展、生产性保护，实施非物质文化遗产传承人群研修研习培训计划，培养一批专业非遗代表性传承人、工艺美术大师，支持在蓉高校建设国际非遗学院或学科，开展非遗研究、保护、传承和传播，完善非物质文化遗产代表性项目及代表性传承人名录体系 促进非遗集聚发展。引导支持非遗产业化集聚化发展，加快推进川戏、川菜、川酒、川茶、竹艺、棕编、藤编、陶瓷、蜀锦、蜀绣等主题园区建设，打造非遗创意产业集聚区，培育非遗龙头骨干企业，孵化一批非遗产业重点项目，运用创意设计、现代科技推动非遗生产转型升级，支持开发旅游产品、时尚用品 促进非遗交流交易。进一步做实国际非物质文化遗产节，搭建非遗展销平台，推动非遗博览园整合全球非遗资源，组织和支持非遗代表性传承人和企业“走出去”，开展国际文化交流和贸易，打造“非遗之都”城市品牌
	博物馆书店旅游	增强博物馆书店旅游核心吸引力。以成都博物馆、武侯祠博物馆、杜甫草堂博物馆、金沙遗址博物馆、安仁中国博物馆小镇等文博单位为重要载体，深挖历史人文内涵，提高展陈水平，增加观众游客的体验性和获得感 打造一批成都“最美书店”。推进新华文轩、方所、言几又、钟书阁等实体书店发展新业态，建设集阅读学习、展示交流、创意生活等功能于一体的综合性文旅体验消费中心 丰富博物馆书店旅游线路。新增10个以上各具特色的专题博物馆，加速形成多个博物馆聚落，推动书店进商业综合体、进地铁、进社区、进校园、进园区，促进博物馆、书店资源与文化创意街区、名人故居、历史遗迹、文化创意空间联动开发。各区(市)县形成2条以上以博物馆、书店为核心内容的旅游线路

续表

重点产业	重点方向	发展内容
文体旅业	时尚文化创意旅游	开展文化创意园区旅游。支持武侯浓园、蒲江明月村等文化创意园区申创A级风景区，支持蓝顶、西村、明堂、御翠草堂等都市文化创意园区举办艺术展览、主题节会、文艺演出等开放性活动，丰富游客体验，提升旅游品质 发展创意小镇旅游。打造一批产业“特而强”、功能“聚而合”、形态“精而美”、机制“活而新”的特色创意小镇，提升洛带文化创意小镇、白鹿音乐小镇、葛仙山运动小镇、花水湾温泉小镇的旅游配套设施，树立特色小镇品牌形象，满足游客度假休闲的多样需求 促进时尚街区旅游。按照生态、文态、形态、业态“四态合一”理念，保护生态本底、注入文化内涵、优化街区外观、丰富时尚业态，重点布局太古里、锦里、宽窄巷子等与现代时尚元素相结合的特色文化旅游街区 引导创意民宿旅游。打造一批自然生态型、文化体验型、休闲度假型等个性化、特色化主题创意民宿，完善生活配套设施建设，实现特色民宿与旅游有机结合
	美容康养旅游	大力发展美容旅游。充分利用成都医疗美容优势资源，发挥铜雀台、西婵、大华等大型美容机构的引领作用，推出一批整形美容、食疗美容等美容体验旅游项目，办好成都国际美容美发展等展会活动，提升成都美容旅游吸引力 加快发展康养旅游。推动医疗养老与旅游业联动发展，发展医疗保健、中医养生、康复度假等多功能复合型康养旅游综合体，建设1个以上国家级康养旅游示范区，10个省级示范区
	美食旅游	打造特色文化美食街区。围绕都市旅游、乡村旅游，重点建设一批特色突出、文化浓郁、风格各异的美食街区和美食小镇，满足市民及外地游客就餐、游览、休闲等多种需要 培育成都美食品牌节会。采取“政府引导、市场运作”模式，建设川菜、川酒、川茶文化交流平台，打造啤酒节、国际美食旅游节等在国内外具有影响力的专业化、市场化、国际化美食旅游节会，加大对美食节会的宣传力度，提升美食之都形象 开展美食国际营销推广。加强成都美食文化的国际交流与传播，鼓励和支持餐饮企业“走出去”设立餐饮网点，开拓国际餐饮市场，引导国际知名品牌餐饮企业“走进成都”，建设异域美食融汇高地，进一步彰显“美食之都”的国际影响力
	体育旅游	加强载体建设。重点建设天府奥体城等地标性重大项目，打造大成都城市体育休闲旅游圈、国道318(317)自驾车体育旅游基地、龙门山龙泉山国际山地户外运动旅游目的地等体育旅游示范区，夯实体育旅游发展基础 举办品牌赛事。承办熊猫杯国际青年足球锦标赛、国际网联青年大师赛、国际乒联世界杯、铁人三项世界杯赛、国际自行车联合会都市自行车世界锦标赛、国际体育舞蹈节、双遗马拉松等大型体育品牌赛事，打造国际体育赛事名城 开发线路项目。着力开发沿绿道、沿古道、沿江、沿山的体育休闲运动线路，大力发展攀岩、骑行、露营等体育旅游项目，丰富体育旅游产品
	游学旅游	建设游学旅游基地。依托自然文化遗产资源，提升博物馆、图书馆、文化馆、美术馆等大型公共文化设施，推进都江堰全国研学旅游示范基地建设，为游学旅游奠定发展基础 开发游学旅游产品。推出寓教于乐的爱国主义教育、历史人文、社会民俗、自然科考等特色化、专业化、分众化的游学旅游线路和产品，着力打造国际游学旅游目的地

续表

重点产业	重点方向	发展内容
信息服务业	软件服务	支持做强做大。加强云计算、大数据、虚拟(增强)现实、移动互联网、物联网、即时通讯等新兴信息技术在文化创意类产业应用软件中的融合应用,重点发展社交网络服务、信息发布、音乐服务、影视服务、图片服务等行业,提升文化创意产业应用软件的易用性、功能性、可靠性、安全性。吸引重点软件企业来蓉投资落户,支持有条件有基础的企业冲击世界500强、中国软件100强,培养本土"独角兽""瞪羚"企业 鼓励创新创造。引进培养一批软件研发、设计、应用领域高端技术人才,推动软件类公共技术服务平台建设。加快智慧城市建设和应用。推动基础软件、行业应用软件、安全软件、信息服务外包等向高端发展,支持软件品牌化、服务化、网络化和国际化,鼓励企业面向重点行业和领域自主研发软件产品
	电子商务	建设服务平台。开展电子商务产业示范区、国家级电子商务示范基地、"互联网+定制服务"示范建设,打造一批电子商务创新创业孵化平台、电子商务行业垂直细分平台、跨境电子商务平台、电子商务公共服务平台和电子商务诚信自律平台,推动电子商务大平台、大市场、大流通融合发展 提升孵化能力。打造电子商务集聚区50个,吸引20家以上国内外知名创业投资机构入驻成都电子商务投融资服务平台,孵化创业型电子商务企业2000家,培育创新型电子商务企业500家,招募高端创业团队50个 推进国际化发展。扶持100个成都品牌建立全球线上服务网络,推动50家电子商务企业"走出去"发展"海外仓"、体验店和配送网络等,实现80%以上的大型电子商务平台企业面向全球服务,开通外文网站,加快"成都智造"和"成都服务"国际化进程
	动漫游戏	构建生态体系。优化以网络游戏、工程动画、衍生品产销、服务外包和人才培育为支撑的产业生态体系,促进移动游戏、电子竞技、游戏直播等新业态发展,推进动漫游戏业提质升级 注重内容原创。推动虚拟现实、计算机CG技术、复制仿真等技术在动漫设计、制作领域应用,自主研发一批内容健康向上、富含天府文化、极具创意水平的网页游戏、网络游戏、手机游戏等动漫游戏产品,形成一批具有市场号召力的动漫IP 加强衍生品开发。探索建设动漫游戏品牌授权市场,依托高校资源建立动漫游戏产业基地,培育动漫游戏影视作品、舞台剧、服装、玩具、文具、游乐设备等新增长点。促进动漫游戏业服务外包,支持成都动漫游戏作品"走出去",开拓海外市场,鼓励引进优秀动漫游戏作品、国际顶级电竞赛事,发展动漫游戏业集聚区,加快打造完整生态圈
会展广告业	会展服务	培育会展品牌。着力打造成都国际时尚电影节、成都创意设计周、中国网络视听大会、中国成都国际非遗节、成都香港节、蓬皮杜大都会艺术双年展、成都国际时尚周、音乐产业博览会、成都国际旅游展等文化创意品牌节会。 提升会展水平。着力提升会展设计在专业会议、展览会、博览会、赛事活动等领域的创意策划能力和服务能级,加强会展设计的信息化技术应用,鼓励政府投资性展览场馆产权和运营权相分离,推进成都会展业向国际化、专业化、品牌化、信息化发展 扩大会展影响。鼓励申办国际知名会展活动、引进国际顶级文物艺术品展会,培养引进国际化会展人才,争取更多知名国际会展项目落户成都,建设国际会展之都
	广告服务	提高创意水平。注重大数据开发应用,促进新型广告技术应用,注入创新创意,提升广告创意创新能力和服务水平 推动深度融合。以"互联网+广告"为核心,大力发展网络广告、移动媒体广告、社交媒体广告、嵌入式广告等新兴业态,鼓励传统广告企业开展跨界经营 促进集群发展。进一步支持国家广告产业园建设,吸引行业高端要素集聚,形成一批具有国际影响力的广告企业,构筑以媒体集团、专业广告公司为主力的行业中坚,建成具有国际竞争力的大型广告集团,建成西部广告人才培训中心、广告创新研发中心、艺哈设计基地

续表

重点产业	重点方向	发展内容
教育咨询业	教育培训	发展文化创意教育。创办 1 所具有全国影响力的艺术院校，支持大专院校开办文化艺术学科，鼓励和支持音乐、舞蹈、美术、国学、文史、科创等教育研培机构发展，开展民办文化教育培训学校分等定级工作，培养一批发扬传统优秀文化、富于创新创造的人才 加强职业培训。规范各类培训学校办学条件和办学行为，培育品牌培训学校，认定一批民办培训学校特色品牌项目，引导社会各类职业培训机构积极参与职业技能培训 推进终身教育。深入开展全民阅读周、全民终身学习活动周、科技活动周、科普日、科普月等大型学习活动，努力构建完备的终身教育体系。持续开展“书香成都”活动，绘制全市实体书店地图，打造中国书香第一城，锻造生活城市的文化品质
	咨询服务	促进商务咨询。大力发展证券分析咨询、社会经济咨询、保险辅助服务、市场调查等商务咨询服务，建立和培育一批竞争力强、知名度高、公信力强的商务咨询服务机构，实现商务咨询市场的专业化和品牌化 促进社科咨询。大力发展社会人文科学研究，加强智库建设，搭建智库思想创作、智库优秀成果传播、高端智库人才聚合和智库研究与决策需求对接的平台，推动成都智库服务能力整体提升 促进科技咨询。大力发展科技中介服务、知识产权服务、投融资服务(含科技金融)和其他科技服务，建立行业规范，提升专业化咨询服务水平，形成与国际接轨、资源配置合理、配套服务优良、市场竞争有序的科技咨询业务发展格局

附录二　中共成都市成华区委　成都市成华区人民政府《关于促进产业集聚区发展若干政策的意见》[1]

各街道党工委和办事处，区级各部门，各功能区管委会(促进中心)：

为深入贯彻落实市第十三次党代会精神，落实“中优”部署，加快推进龙潭新经济产业集聚区、成都东客站枢纽经济集聚区、东郊文化创意集聚区产业集聚和发展，加速传统产业转型升级，促进新兴产业发展壮大，着力构建全新产业格局，争当成都建设全面体现新发展理念的国家中心城市排头兵，结合成华实际，制定本意见。

一、龙潭新经济产业集聚区产业促进政策

第一条 新经济企业从事信息通信、人工智能、物联网科技研发项目，经区经济信息化主管部门认定后，可按研发总投入的 10%给予企业一次性补贴，最高不超过 500 万元。

第二条 从事信息通信、人工智能、物联网技术服务的企业，其年主营业务收入 1000 万元及以上，自政策发布之日起(新进企业自注册之日起)连续 3 年按实际主营业务收入的 5%给予奖励，每年最高不超过 200 万元。

第三条 集聚区内非关联企业间进行的信息通信、人工智能、物联网产品和服务交易，按当年完成交易额的 5%给予采购企业奖励，每年最高不超过 200 万元。

第四条 传统企业转型升级从事信息通信、人工智能、物联网科技研发智造，且次年主营业务收入增长 20%以上的，按企业转型升级技术研发和固定资产投入的 10%给予一次性补贴，最高不超过 1000 万元。

第五条 智能智造平台企业年主营业务收入 1 亿元及以上的，自政策发布之日起(新进企业自注册之日起)连续 3 年按实际主营业务收入的 1.5%给予奖

① 成都市发展和改革委员会.中共成都市成华区委成都市成华区人民政府关于促进产业集聚区发展若干政策的意见[EB/OL]. [2017-6-29]. http://www.cddrc.gov.cn/cyfz/list.action?classId=020719030607.

励，每年最高不超过 1000 万元。

第六条 新建大数据中心、信息安全平台、检测认证平台、国家级实验室、工程技术研究中心、企业技术中心等高科技服务平台，经认定后，按平台总投入的 10%给予最高不超过 500 万元的一次性补贴。

第七条 新建技能大师工作室、知识产权及人才服务等创新创造孵化平台，根据平台建成后对区域产业发展的支持配套作用，可每年给予最高不超过 100 万元的奖励。

第八条 新经济企业在注册之日起 3 年内新增流动资金金融机构贷款，按中国人民银行同期贷款基准利率利息金额的 50%给予企业贴息，累计不超过 200 万元，贴息期限不超过 3 年。

第九条 国家“千人计划”、四川省“千人计划”、成都“人才计划”等专家领衔的创新创业团队，在集聚区创办新经济企业，经评审认定后分别给予 300 万元、200 万元、150 万元的项目资助。

第十条 每年在新经济企业中遴选 10～20 名工作成果突出的高层次专业人才，经评审认定后给予每人每年 20 万元的专家津贴。

二、成都东客站枢纽经济集聚区产业促进政策

第十一条 对集聚区项目业主新引进世界知名高端品牌酒店，在酒店正式运营后，经认定，给予项目业主 300 万元一次性奖励。对新引进全球奢华精品酒店联盟(SLH)、中国小型豪华酒店联盟(SLHC)、中国精品酒店联盟(BHAC)酒店，在酒店正式运营后，经认定，给予酒店投资企业 400 万元一次性奖励(上述两项奖励不重复享受)。

第十二条 对集聚区酒店正式投入运营 3 年内，年主营业务收入突破 5000 万元的，经认定，给予酒店经营方 50 万元一次性奖励；5 年内年主营业务收入突破 1 亿元的，经认定，给予酒店经营方 100 万元一次性奖励。

第十三条 对在集聚区举办的国际性知名会议、论坛(参会规模 100 人以上，其中境外邀请参会人员占比 30%以上)、节庆活动等，经认定，按实际投入会务执行经费的 40%给予会议举办方补贴，同一企业同一活动累计补贴不超过 500 万元；对在集聚区举办的全国性知名会议、论坛、发布会(参会人数 300 人以上)、节庆活动等，经认定，按实际投入会务执行经费的 35%给予会议举办方补贴，同一企业同一活动累计补贴不超过 300 万元。

第十四条 对注册在集聚区范围内，年度会展营业额达 300 万元以上的会展企业，经认定，给予企业 10 万元一次性奖励；对于集聚区内会展机构或会展项目取得国际展览业协会(UFI)、国际大会及国际会议协会(ICCA)等国际性会展组织认证或加入其会员的，经认定，连续 3 年给予当年度会员费或认证费用 50%的补贴，累计不超过 100 万元。

第十五条 对集聚区新竣工的商务(商业)楼宇，业主整体持有计容商业面积 2 万平方米及以上并统一运营的，经认定，给予业主 50 万元一次性奖励；整体持有并统一运营面积每增加 1 万平方米，增加奖励 20 万元，最高不超过 500 万元。上述项目自享受扶持政策之日起，5 年内不得分割出售。

第十六条 对集聚区内按成都市楼宇等级评定委员会标准，被评定为“甲级”、“超甲级”的高端商务楼宇，分别给予楼宇运营管理方 50 万元、100 万元一次性奖励。

第十七条 集聚区楼宇内企业年度经济贡献总额首次突破 1 亿元、2 亿元、5 亿元的，分别给予楼宇运营管理方 100 万元、150 万元、300 万元的一次性奖励。

第十八条 对于首次进入成华区并入驻集聚区的世界 500 强企业租赁超甲级、甲级、乙级或其他经主管部门认定的专业特色楼宇作为自用办公用房的，经认定，自计算支付房租之日起前 3 年，分别按不超过 100 元/平方米·月、90 元/平方米·月、80 元/平方米·月的标准据实给予同一企业每年最高不超过 200 万元补贴。

第十九条 对于引进世界 500 强企业首次进入成华区并入驻集聚区，且办公面积 500 平方米以上，以签订房屋租赁协议为准，经认定，给予楼宇运营管理方 20 万元一次性奖励。

第二十条 对于引进国际一线品牌在集聚区设立单体店的运营管理方，按不高于 2000 元/平方米的标准，据实给予一次性营业用房装修补贴，最高不超过 100 万元。

第二十一条 对在集聚区新注册的国际一流的创意设计类企业，经认定，给予 100 万元的一次性补贴。

第二十二条 对在集聚区新注册的跨境电子商务企业，落户首年跨境电子商务进出口额超过 5000 万美元、1 亿美元的，分别给予 300 万元、500 万元的一次性奖励。

第二十三条 对在集聚区注册并经营的具有独立法人资格的医疗服务、健康管理、养生养老等健康服务业项目或机构，投资总额在 1 亿元以上的(不含购地及土建款)，经认定，自经营之日起给予 50 万元的一次性补贴，投资总额每增加 1 亿元，增加补助 30 万元，最高不超过 500 万元。

第二十四条 对在集聚区注册并经营的具有独立法人资格的交通、通信类企业，3 年内年主营业务收入突破 1 亿元、3 亿元、5 亿元的，经认定，分别给予企业 50 万元、100 万元、200 万元一次性奖励。

三、东郊文化创意集聚区产业促进政策

第二十五条 世界 500 强企业或全国文化企业 30 强入驻集聚区，一次性给予 200 万元奖励；引进世界 500 强企业或全国文化企业 30 强对园区(楼宇)实施专业化运营管理，按 200 万元/年的标准给予园区(楼宇)运营方运营奖励，补贴期限 3 年。

第二十六条 国际、国内文化创意产业领军人物和文化创意产业高层次人才在集聚区范围内开办文化创意企业，产业规划方案经区政府批准且运营成效达到约定要求的，每年给予 100 万元运营补贴，补贴期限 5 年；国际、国内文化创意产业领军人物和文化创意产业高层次人才在集聚区内设立工作室，给予一次性开办奖励 100 万元，并每年给予 20 万元运行补贴，补贴期限 5 年。

第二十七条 设立文化创意产业引导基金，特色文化创意企业或项目，产业规划方案经区政府批准后，可申请按不高于 1∶1 比例且最高不超过 5000 万元区配套产业引导基金。

第二十八条 集聚区内文化创意企业通过银行、风险投资资金、小额贷款公司等方式获得贷款运营集聚区内项目的，按人民银行同期贷款基准利率计算的利息金额的 60%贴息，贴息期限不超过 3 年。

第二十九条 租用集聚区内权属为区政府所有的工业遗产建筑建设文化创意园区，经区政府批准且运营成效达到约定要求的，可给予前三年 100%、后两年 50%的租金补贴。

第三十条 园区(楼宇)及企业建立的文化创意产业类技术、专业、交流平台，经认定发挥作用较好、成效显著的，一次性给予平台建设方总投资额 20%的补贴，最高不超过 100 万元。

第三十一条 企业、行业协会和高等院校在集聚区建设文化产业版权交易

平台和文化资产评估平台，经认定后按建设费用的40%予以扶持，扶持金额最高不超过200万元，并且每年按地方经济贡献100%给予运营方奖励，奖励期不超过5年。园区（楼宇）引进文化产业版权交易平台和文化资产评估平台，经认定后对园区（楼宇）运营方给予一次性奖励100万元。

第三十二条 集聚区文化创意类企业成功申报国家级、省级、市级文化创意项目，按项目实际扶持金额的30%给予配套扶持资金，最高不超过1000万元。

第三十三条 凡被认定为国家级、省级文化创意产业示范基地的，分别给予运营机构200万元、100万元一次性奖励，晋级则予以差额奖励。对被国家、省、市相关部门授予荣誉称号的文化创意产业，分别给予获奖企业30万元、20万元、10万元一次性奖励。

第三十四条 对获得国际性、国家级、省级重大奖项的音乐戏剧、动漫游戏、影视传媒、创意设计、著作作品等原创作品或原创团队，分别给予100万元、50万元、20万元的一次性奖励。

第三十五条 集聚区内注册的文化创意类企业参加国内外知名文化创意产业类展会，给予50%的展位费补贴，同一企业每年累计不超过30万元；企业在集聚区组织承办市场化运作的国际性、全国性或区域性大型文化创意产业类展会、论坛、节会等活动的，分别按实际投入经费的50%、40%、30%给予补贴，同一企业每年累计补贴不超过500万元。

第三十六条 对符合享受成华委发〔2017〕1号文件关于鼓励上市企业补贴条件的文化创意类企业，按原有标准上浮20%给予补贴。

第三十七条 集聚区内开发性建设项目利用自有用地建设音乐厅、剧场（不含电影院）、艺术场馆、博物馆等文化设施的，按照实际建设成本的20%（不含土地成本、装修及设施设备购置成本）给予补贴，最高不超过1000万元。

第三十八条 集聚区内开发性建设项目利用自有用地打造体现天府文化内涵、具有显著引领示范效应的特色文化商业街区，给予计容商业建筑面积50元/平方米一次性补贴，最高不超过500万元。

第三十九条 园区（楼宇）内入驻文化创意企业数量占入驻企业总数量60%以上或文化创意企业租用面积达总运营面积70%以上的，以文化创意企业实际租用面积为基数，按照10元/平方米的标准，按年度对园区（楼宇）运营方进行补贴，同一园区每年最高不超过100万元，补贴年限不超过3年。

第四十条 对符合集聚区产业招商方向的文化创意类企业，经认定，可参照成华委发〔2017〕1号文件租房补贴标准上浮20%给予租金补贴，期限不超过3年。

第四十一条 园区(楼宇)内入驻文化创意企业在成华区年度经济贡献总额达200万元以上的，以企业在我区年度地方经济贡献的10%为参照数对园区(楼宇)运营方给予奖励，奖励总额不超过500万元。

第四十二条 凡在集聚区内文化创意企业工作、纳税的从业人员，在我区年度个人地方经济贡献超过5万元的，以其年度个人地方经济贡献的100%为参照数给予奖励，奖励期不超过 3 年；之后按其在我区年度个人地方经济贡献(条件同上)的50%为参照数给予奖励，奖励期不超过2年。

四、附则

第四十三条 本意见所涉财政扶持奖励均为税前；扶持奖励的企业原则上为工商、税收和统计关系在集聚区的新经济企业、枢纽经济企业和文化创意企业。

第四十四条 本意见所涉财政扶持奖励由享受对象向属地街道办事处(管委会)提出申请，经街道办事处(管委会)初审、相关职能部门审核、各职能部门分管副区长审定报相关会议审批后，区财政局按程序安排拨付资金，由街道办事处(管委会)兑付至享受对象。

第四十五条 本意见在执行中遇到新情况和新问题，由相关单位提出意见报区委、区政府研究。

第四十六条 企业、个人或社会中介组织单独或共同弄虚作假，骗取财政扶持奖励的，一经查实，依法严肃处理。除追回骗取的所得外，将其列入企业诚信黑名单。构成犯罪的，依法移送司法机关追究法律责任。

第四十七条 本意见由区发改局商区财政局等相关职能部门负责解释。

第四十八条 本意见自发布之日起施行，有效期5年。本意见施行前出台的相关政策与本意见不一致的，按照财政扶持奖励金额标准，依照就高不就低的原则执行。本意见中涉及的同类型扶持政策不重复享受。国家、省、市政策另有规定的遵照执行。

中共成都市成华区委

成都市成华区人民政府

2017年6月21日

附录三　文化及相关产业分类（2018）[①]

一、分类目的和作用

（一）为深化文化体制改革和持续推进社会主义文化强国建设提供统计保障，建立科学可行的文化及相关产业统计制度，制定本分类。

（二）本分类为反映我国文化及相关产业生产活动提供标准分类依据，为文化及相关产业统计提供统一的定义和范围，为发展文化产业、推进社会主义文化繁荣兴盛提供统计服务。

二、分类定义和范围

（一）定义

本分类规定的文化及相关产业是指为社会公众提供文化产品和文化相关产品的生产活动的集合。

（二）范围

1.以文化为核心内容，为直接满足人们的精神需要而进行的创作、制造、传播、展示等文化产品（包括货物和服务）的生产活动。具体包括新闻信息服务、内容创作生产、创意设计服务、文化传播渠道、文化投资运营和文化娱乐休闲服务等活动。

2.为实现文化产品的生产活动所需的文化辅助生产和中介服务、文化装备生产和文化消费终端生产（包括制造和销售）等活动。

① 中华人民共和国国家统计局.国家统计局关于印发《文化及相关产业分类（2018）》的通知[EB/OL]. [2018-4-23]. http://www.stats.gov.cn/tjgz/tzgb/201804/t20180423_1595390.html.

三、编制原则

（一）以《国民经济行业分类》为基础

本分类以《国民经济行业分类》（GB/T 4754—2017）为基础，根据文化生产活动的特点，将行业分类中相关的类别重新组合，是《国民经济行业分类》的派生分类。

（二）兼顾文化管理需要和可操作性

根据我国文化体制改革和发展的实际，本分类在考虑文化生产活动特点的同时，兼顾文化主管部门管理的需要；同时立足于现行统计制度和方法，充分考虑分类的可操作性。

（三）与国际分类标准相衔接

本分类借鉴了联合国教科文组织的《文化统计框架—2009》的分类方法，在定义和覆盖范围上与其衔接。

四、结构和编码

本分类采用线分类法和分层次编码方法，将文化及相关产业划分为三层，分别用阿拉伯数字编码表示。第一层为大类，用 01-09 数字表示，共有 9 个大类；第二层为中类，用 3 位数字表示，共有 43 个中类；第三层为小类，用 4 位数字表示，共有 146 个小类。

本分类代码结构：

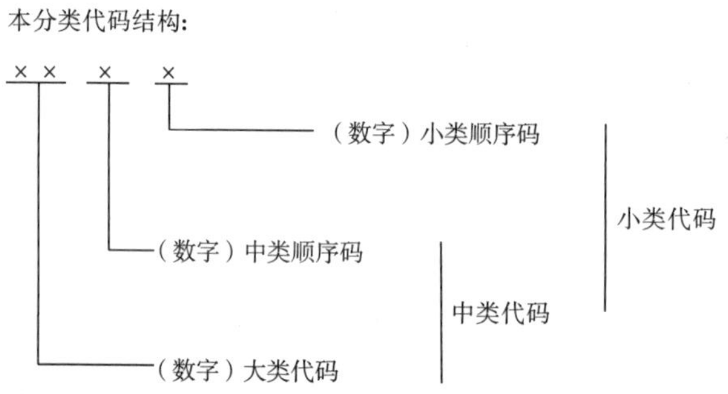

五、有关说明

（一）本分类建立了与《国民经济行业分类》（GB/T 4754—2017）的对应关系。在本分类中，如国民经济某行业小类仅部分活动属于文化及相关产业，则在行业代码后加“*”做标识，并对属于文化生产活动的内容进行说明；如国民经济某行业小类全部纳入文化及相关产业，则小类类别名称与行业类别名称完全一致。

（二）本分类全部小类对应或包含在《国民经济行业分类》（GB/T 4754—2017）相应的行业小类中，具体范围和说明可参见《2017 国民经济行业分类注释》。

（三）本分类 01-06 大类为文化核心领域，07-09 大类为文化相关领域。

六、文化及相关产业分类表

表 1　文化及相关产业分类表

代码			类别名称	说明	行业分类代码
大类	中类	小类			
			文化核心领域	本领域包括 01-06 大类	
01			新闻信息服务		
	011		新闻服务		
		0110	新闻业	包括新闻采访、编辑、发布和其他新闻服务	8610
	012		报纸信息服务		
		0120	报纸出版	包括党报出版、综合新闻类报纸出版和其他报纸出版服务	8622
	013		广播电视信息服务		
		0131	广播	指广播节目的现场制作、播放及其他相关活动，还包括互联网广播	8710
		0132	电视	指有线和无线电视节目的现场制作、播放及其他相关活动，还包括互联网电视	8720
		0133	广播电视集成播控	指 IP 电视、手机电视、互联网电视等专网及定向传播视听节目服务的集成播控，还包括普通广播电视节目集成播控	8740
	014		互联网信息服务		

续表

代码			类别名称	说明	行业分类代码
大类	中类	小类			
		0141	互联网搜索服务	指互联网中的特殊站点，专门用来帮助人们查找存储在其他站点上的信息	6421
		0142	互联网其他信息服务	包括网上新闻、网上软件下载、网上音乐、网上视频、网上图片、网上动漫、网上文学、网上电子邮件、网上新媒体、网上信息发布、网站导航和其他互联网信息服务	6429
02			内容创作生产		
	021		出版服务		
		0211	图书出版	包括书籍出版、课本类书籍出版和其他图书出版服务	8621
		0212	期刊出版	包括综合类杂志出版，经济、哲学、社会科学类杂志出版，自然科学、技术类杂志出版，文化、教育类杂志出版，少儿读物类杂志出版和其他杂志出版服务。	8623
		0213	音像制品出版	包括录音制品出版和录像制品出版服务	8624
		0214	电子出版物出版	包括马列毛泽东思想、哲学等分类别电子出版物，综合类电子出版物和其他电子出版物出版服务	8625
		0215	数字出版	指利用数字技术进行内容编辑加工，并通过网络传播数字内容产品的出版服务	8626
		0216	其他出版业	指其他出版服务	8629
	022		广播影视节目制作		
		0221	影视节目制作	指电影、电视和录像(含以磁带、光盘为载体)节目的制作活动，该节目可以作为电视、电影播出、放映，也可以作为出版、销售的原版录像带(或光盘)，还可以在其他场合宣传播放，还包括影视节目的后期制作，但不包括电视台制作节目的活动	8730
		0222	录音制作	指从事录音节目、音乐作品的制作活动，其节目或作品可以在广播电台播放，也可以制作成出版、销售的原版录音带(磁带或光盘)，还可以在其他宣传场合播放，但不包括广播电台制作节目的活动	8770
	023		创作表演服务		
		0231	文艺创作与表演	指文学、美术创造和表演艺术(如戏曲、歌舞、话剧、音乐、杂技、马戏、木偶等表演艺术)等活动。	8810
		0232	群众文体活动	指对各种主要由城乡群众参与的文艺类演出、比赛、展览等公益性文化活动的管理活动。	8870

续表

代码			类别名称	说明	行业分类代码
大类	中类	小类			
		0233	其他文化艺术业	包括网络(手机)文化服务，史料、史志编辑服务，艺(美)术品、收藏品鉴定和评估服务，街头报刊橱窗管理服务和其他未列明文化艺术服务。	8890
	024		数字内容服务		
		0241	动漫、游戏数字内容服务	指将动漫和游戏中的图片、文字、视频、音频等信息内容运用数字化技术进行加工、处理、制作并整合应用的服务，使其通过互联网传播，在计算机、手机、电视等终端播放，在存储介质上保存	6572
		0242	互联网游戏服务	指以互联网为传输媒介，以游戏运营商服务器和用户计算机为处理终端，以游戏客户端软件为信息交互窗口，旨在实现娱乐、休闲、交流和取得虚拟成就的具有可持续性的个体性多人在线游戏。包括互联网电子竞技服务	6422
		0243	多媒体、游戏动漫和数字出版软件开发	仅指通用应用软件中的多媒体软件、游戏动漫软件、数字出版软件开发。该小类包含在应用软件开发行业小类中	6513*
		0244	增值电信文化服务	仅指固定网增值电信、移动网增值电信、其他增值电信中的文化服务。该小类包含在其他电信服务行业小类中	6319*
		0245	其他文化数字内容服务	仅指文化宣传领域数字内容服务。该小类包含在其他数字内容服务行业小类中	6579*
	025		内容保存服务		
		0251	图书馆	包括公共图书馆、高等院校图书馆、专业图书馆和其他图书馆管理服务	8831
		0252	档案馆	包括综合档案馆、专门档案馆、部门档案馆、企业档案馆、事业单位档案馆和其他档案馆管理服务。	8832
		0253	文物及非物质文化遗产保护	指对具有历史、文化、艺术、科学价值，并经有关部门鉴定，列入文物保护范围的不可移动文物的保护和管理活动；对我国口头传统和表现形式，传统表演艺术，社会实践、意识、节庆活动，有关的自然界和宇宙的知识和实践，传统手工艺等非物质文化遗产的保护和管理活动	8840
		0254	博物馆	指收藏、研究、展示文物和标本的博物馆的活动，以及展示人类文化、艺术、科技、文明的美术馆、艺术馆、展览馆、科技馆、天文馆等管理活动	8850
		0255	烈士陵园、纪念馆	包括烈士陵园和烈士纪念馆管理服务	8860
	026		工艺美术品制造		

续表

代码			类别名称	说明	行业分类代码
大类	中类	小类			
		0261	雕塑工艺品制造	指以玉石、宝石、象牙、角、骨、贝壳等硬质材料，木、竹、椰壳、树根、软木等天然植物，以及石膏、泥、面、塑料等为原料，经雕刻、琢、磨、捏或塑等艺术加工而制成的各种供欣赏和实用的工艺品的制作活动	2431
		0262	金属工艺品制造	指以金、银、铜、铁、锡等各种金属为原料，经过制胎、浇铸、锻打、錾刻、搓丝、焊接、纺织、镶嵌、点兰、烧制、打磨、电镀等各种工艺加工制成的造型美观、花纹图案精致的工艺美术品的制作活动	2432
		0263	漆器工艺品制造	指将半生漆、腰果漆加工调配成各种鲜艳的漆料，以木、纸、塑料、铜、布等作胎，采用推光、雕填、彩画、镶嵌、刻灰等传统工艺和现代漆器工艺进行的工艺制品的制作活动	2433
		0264	花画工艺品制造	指以绢、丝、绒、纸、涤纶、塑料、羽毛、通草以及鲜花草等为原料，经造型设计、模压、剪贴、干燥等工艺精制而成的花、果、叶等人造花类工艺品，以画面出现、可以挂或摆的具有欣赏性、装饰性的画类工艺品的制作活动	2434
		0265	天然植物纤维编织工艺品制造	指以竹、藤、棕、草、柳、葵、麻等天然植物纤维为材料，经编织或镶嵌而成具有造型艺术或图案花纹，以欣赏为主的工艺陈列品以及工艺实用品的制作活动	2435
		0266	抽纱刺绣工艺品制造	指以棉、麻、丝、毛及人造纤维纺织品等为主要原料，经设计、刺绣、抽、拉、钩等工艺加工各种生活装饰用品，以及以纺织品为主要原料，经特殊手工工艺或民间工艺方法加工成各种具有较强装饰效果的生活用纺织品的制作活动	2436
		0267	地毯、挂毯制造	指以羊毛、丝、棉、麻及人造纤维等为原料，经手工编织、机织、栽绒等方式加工而成的各种具有装饰性的地面覆盖物或可用于悬挂、垫坐等用途的生活装饰用品的制作活动	2437
		0268	珠宝首饰及有关物品制造	指以金、银、铂等贵金属及其合金以及钻石、宝石、玉石、翡翠、珍珠等为原料，经金属加工和连结组合、镶嵌等工艺加工制作各种图案的装饰品的制作活动	2438
		0269	其他工艺美术及礼仪用品制造	指其他工艺美术品的制造活动	2439
	027		艺术陶瓷制造		
		0271	陈设艺术陶瓷制造	指以黏土、瓷土、瓷石、长石、石英等为原料，经制胎、施釉、装饰、烧制等工艺制成，主要供欣赏、装饰的陶瓷工艺美术品制造	3075

续表

代码			类别名称	说明	行业分类代码
大类	中类	小类			
		0272	园艺陶瓷制造	指专门为园林、公园、室外景观的摆设或具有一定功能的大型陶瓷制造	3076
03			创意设计服务		
	031		广告服务		
		0311	互联网广告服务	指提供互联网广告设计、制作、发布及其他互联网广告服务。包括网络电视、网络手机等各种互联网终端的广告的服务	7251
		0312	其他广告服务	指除互联网广告以外的广告服务	7259
	032		设计服务		
		0321	建筑设计服务	仅包括房屋建筑工程，体育、休闲娱乐工程，室内装饰和风景园林工程专项设计服务。该小类包含在工程设计活动行业小类中	7484*
		0322	工业设计服务	指独立于生产企业的工业产品和生产工艺设计，不包括工业产品生产环境设计、产品传播设计、产品设计管理等活动	7491
		0323	专业设计服务	包括时装、包装装潢、多媒体、动漫及衍生产品、饰物装饰、美术图案、展台、模型和其他专业设计服务	7492
04			文化传播渠道		
	041		出版物发行		
		0411	图书批发	包括书籍、课本和其他图书的批发和进出口	5143
		0412	报刊批发	包括报纸、杂志的批发和进出口	5144
		0413	音像制品、电子和数字出版物批发	包括音像制品及电子出版物的批发和进出口	5145
		0414	图书、报刊零售	包括图书零售服务，报纸、杂志专门零售服务，图书、报刊固定摊点零售服务	5243
		0415	音像制品、电子和数字出版物零售	包括音像制品专门零售店、电子出版物专门零售、音像制品及电子出版物固定摊点零售服务	5244
		0416	图书出租	指各种图书出租服务，不包括图书馆的租书业务	7124
		0417	音像制品出租	指各种音像制品出租服务，不包括以销售音像制品为主的出租音像活动	7125
	042		广播电视节目传输		

续表

代码			类别名称	说明	行业分类代码
大类	中类	小类			
		0421	有线广播电视传输服务	指有线广播电视网和信号的传输服务	6321
		0422	无线广播电视传输服务	指无线广播电视信号的传输服务	6322
		0423	广播电视卫星传输服务	包括卫星广播电视信号的传输、覆盖与接收服务，卫星广播电视传输、覆盖、接收系统的设计、安装、调试、测试、监测等服务	6331
	043		广播影视发行放映		
		0431	电影和广播电视节目发行	包括电影发行和进出口交易、非电视台制作的电视节目发行和进出口服务	8750
		0432	电影放映	指专业电影院以及设在娱乐场所独立(或相对独立)的电影放映等活动	8760
	044		艺术表演		
		0440	艺术表演场馆	指有观众席、舞台、灯光设备，专供文艺团体演出的场所管理活动	8820
	045		互联网文化娱乐平台		
		0450	互联网文化娱乐平台	仅包括互联网演出购票平台、娱乐应用服务平台、音视频服务平台、读书平台、艺术品鉴定拍卖平台和文化艺术平台。该小类包含在互联网生活服务平台行业小类中	6432*
	046		艺术品拍卖及代理		
		0461	艺术品、收藏品拍卖	指艺术品、收藏品拍卖活动。包括艺(美)术品拍卖服务、文物拍卖服务、古董和字画拍卖服务	5183
		0462	艺术品代理	指艺术品代理活动。包括字画代理、古玩收藏品代理、画廊艺术经纪代理和其他艺术品代理	5184
	047		工艺美术品销售		
		0471	首饰、工艺品及收藏品批发	指首饰、工艺品及收藏品的批发活动	5146
		0472	珠宝首饰零售	指珠宝首饰的零售活动	5245
		0473	工艺美术品及收藏品零售	指专门经营具有收藏价值和艺术价值的工艺品、艺术品、古玩、字画、邮品等的店铺零售活动	5246
05			文化投资运营		

续表

代码			类别名称	说明	行业分类代码
大类	中类	小类			
	051		投资与资产管理		
		0510	文化投资与资产管理	仅指政府主管部门转变职能后，成立的国有文化资产管理机构和文化行业管理机构的活动；文化投资活动，不包括资本市场的投资。该小类包含在投资与资产管理行业小类中	7212*
	052		运营管理		
		0521	文化企业总部管理	仅指文化企业总部的活动，其对外经营业务由下属的独立核算单位或单独核算单位承担，还包括派出机构的活动(如办事处等)。该小类包含在企业总部管理行业小类中	7211*
		0522	文化产业园区管理	仅指非政府部门的文化产业园区管理服务。该小类包含在园区管理服务行业小类中	7221*
06			文化娱乐休闲服务		
	061		娱乐服务		
		0611	歌舞厅娱乐活动	指各种歌舞厅娱乐活动	9011
		0612	电子游艺厅娱乐活动	指各种电子游艺厅娱乐服务	9012
		0613	网吧活动	指通过计算机等装置向公众提供互联网上网服务的网吧、电脑休闲室等营业性场所的服务	9013
		0614	其他室内娱乐活动	包括儿童室内游戏娱乐服务、室内手工制作娱乐服务和其他室内娱乐服务	9019
		0615	游乐园	指配有大型娱乐设施的室外娱乐活动及以娱乐为主的活动	9020
		0616	其他娱乐业	指公园、海滩和旅游景点内小型设施的娱乐活动及其他娱乐活动	9090
	062		景区游览服务		
		0621	城市公园管理	指主要为人们提供休闲、观赏、游览以及开展科普活动的城市各类公园管理活动	7850
		0622	名胜风景区管理	指对具有一定规模的自然景观、人文景观的管理和保护活动，以及对环境优美、具有观赏、文化和科学价值风景名胜区的保护与管理活动	7861
		0623	森林公园管理	指国家自然保护区、名胜景区以外的，以大面积人工林或天然林为主体而建设的公园管理活动	7862

续表

代码			类别名称	说明	行业分类代码
大类	中类	小类			
		0624	其他游览景区管理	指其他未列明的游览景区的管理活动	7869
		0625	自然遗迹保护管理	包括地质遗迹保护管理、古生物遗迹保护管理等	7712
		0626	动物园、水族馆管理服务	指以保护、繁殖、科学研究、科普、供游客观赏为目的，饲养野生动物场所的管理服务	7715
		0627	植物园管理服务	指以调查、采集、鉴定、引种、驯化、保存、推广、科普为目的，并供游客游憩、观赏的园地管理服务	7716
	063		休闲观光游览服务		
		0631	休闲观光活动	指以农林牧渔业、制造业等生产和服务领域为对象的休闲观光旅游活动	9030
		0632	观光游览航空服务	指直升机、热气球等游览飞行服务	5622
			文化相关领域	本领域包括 07-09 大类	
07			文化辅助生产和中介服务		
	071		文化辅助用品制造		
		0711	文化用机制纸及纸板制造	仅指未涂布印刷书写用纸、涂布类印刷用纸、感应纸及纸板制造。该小类包含在机制纸及纸板制造行业小类中	2221*
		0712	手工纸制造	指采用手工操作成型，制成纸的生产活动。包括手工纸(宣纸、国画纸、其他手工纸)及手工纸板	2222
		0713	油墨及类似产品制造	指由颜料、联接料(植物油、矿物油、树脂、溶剂)和填充料经过混合、研磨调制而成，用于印刷的有色胶浆状物质，以及用于计算机打印、复印机用墨等的生产活动	2642
		0714	工艺美术颜料制造	指油画、水粉画、广告等艺术用颜料的制造	2644
		0715	文化用信息化学品制造	指电影、照相、医用、幻灯及投影用感光材料、冲洗套药，磁、光记录材料，光纤维通讯用辅助材料，及其专用化学制剂的制造	2664
	072		印刷复制服务		
		0721	书、报刊印刷	指书、报刊的印刷活动	2311

续表

代码			类别名称	说明	行业分类代码
大类	中类	小类			
		0722	本册印制	指由各种纸及纸板制作的，用于书写和其他用途的本册生产活动	2312
		0723	包装装潢及其他印刷	指根据一定的商品属性、形态，采用一定的包装材料，经过对商品包装的造型结构艺术和图案文字的设计与安排来装饰美化商品的印刷，以及其他印刷活动	2319
		0724	装订及印刷相关服务	指专门企业从事的装订、压印媒介制造等与印刷有关的服务	2320
		0725	记录媒介复制	指将母带、母盘上的信息进行批量翻录的生产活动	2330
		0726	摄影扩印服务	包括摄影服务、照片扩印及处理服务	8060
	073		版权服务		
		0730	版权和文化软件服务	仅指版权服务、文化软件服务。该小类包含在知识产权服务行业小类中	7520*
	074		会议展览服务		
		0740	会议、展览及相关服务	指以会议为主，也可附带展览及其他相关的活动形式，包括项目策划组织、场馆租赁保障、相关服务	7281-7284 7289
	075		文化经纪代理服务		
		0751	文化活动服务	指策划、组织、实施各类文化、晚会、娱乐、演出、庆典、节日等活动的服务	9051
		0752	文化娱乐经纪人	指各种文化娱乐经纪人活动。包括演员挑选、推荐服务，艺术家、作家经纪人服务，演员经纪人服务，模特经纪人服务，其他演员、艺术家经纪人服务	9053
		0753	其他文化艺术经纪代理	指其他文化艺术经纪代理活动	9059
		0754	婚庆典礼服务	仅指婚庆礼仪服务。该小类包含在婚姻服务行业小类中	8070*
		0755	文化贸易代理服务	仅指文化贸易代理服务。该小类包含在贸易代理行业小类中	5181*
		0756	票务代理服务	指除旅客交通票务代理外的各种票务代理服务	7298
	076		文化设备(用品)出租服务		
		0761	休闲娱乐用品设备出租	指各种休闲娱乐用品设备出租活动	7121

续表

代码			类别名称	说明	行业分类代码
大类	中类	小类			
		0762	文化用品设备出租	指各种文化用品设备出租活动	7123
	077		文化科研培训服务		
		0771	社会人文科学研究	指各种社会人文科学研究活动	7350
		0772	学术理论社会(文化)团体	仅指学术理论社会团体、文化团体的服务。该小类包含在专业性团体行业小类中	9521*
		0773	文化艺术培训	指国家学校教育制度以外，由正规学校或社会各界办的文化艺术培训活动，不包括少年儿童的课外艺术辅导班	8393
		0774	文化艺术辅导	仅包括美术、舞蹈、音乐、书法和武术等辅导服务。该小类包含在其他未列明教育行业小类中	8399*
08			文化装备生产		
	081		印刷设备制造		
		0811	印刷专用设备制造	指使用印刷或其他方式将图文信息转移到承印物上的专用生产设备的制造	3542
		0812	复印和胶印设备制造	指各种用途的复印设备和集复印、打印、扫描、传真为一体的多功能一体机的制造；以及主要用于办公室的胶印设备、文字处理设备及零件的制造	3474
	082		广播电视电影设备制造及销售		
		0821	广播电视节目制作及发射设备制造	指广播电视节目制作、发射设备及器材的制造	3931
		0822	广播电视接收设备制造	指专业广播电视接收设备的制造，但不包括家用广播电视接收设备的制造	3932
		0823	广播电视专用配件制造	指专业用录像重放及其他配套的广播电视设备的制造，但不包括家用广播电视装置的制造。	3933
		0824	专业音响设备制造	指广播电视、影剧院、录音棚、会议、各种场地等专业用录音、音响设备及其他配套设备的制造	3934
		0825	应用电视设备及其他广播电视设备制造	指应用电视设备、其他广播电视设备和器材的制造	3939
		0826	广播影视设备批发	指广播影视设备的批发和进出口活动	5178

续表

代码			类别名称	说明	行业分类代码
大类	中类	小类			
		0827	电影机械制造	指各种类型或用途的电影摄影机、电影录音摄影机、影像放映机及电影辅助器材和配件的制造	3471
	083		摄录设备制造及销售		
		0831	影视录放设备制造	指非专业用录像机、摄像机、激光视盘机等影视设备整机及零部件的制造，包括教学用影视设备的制造，但不包括广播电视等专业影视设备的制造	3953
		0832	娱乐用智能无人飞行器制造	指按照国家有关安全规定标准，经允许生产并主要用于娱乐的智能无人飞行器的制造。该小类包含在智能无人飞行器制造行业小类中	3963*
		0833	幻灯及投影设备制造	指通过媒体将在电子成像器件上的文字图像、胶片上的文字图像、纸张上的文字图像及实物投射到银幕上的各种设备、器材及零配件的制造	3472
		0834	照相机及器材制造	指各种类型或用途的照相机的制造。包括用以制备印刷板，用于水下或空中照相的照相机制造，以及照相机用闪光装置、摄影暗室装置和零件的制造	3473
		0835	照相器材零售	指照相器材专门零售	5248
	084		演艺设备制造及销售		
		0841	舞台及场地用灯制造	指演出舞台、演出场地、运动场地、大型活动场地用灯制造	3873
		0842	舞台照明设备批发	仅指各类舞台照明设备的批发。该小类包含在电气设备批发行业小类中	5175*
	085		游乐游艺设备制造		
		0851	露天游乐场所游乐设备制造	指主要安装在公园、游乐园、水上乐园、儿童乐园等露天游乐场所的电动及非电动游乐设备和游艺器材的制造	2461
		0852	游艺用品及室内游艺器材制造	指主要供室内、桌上等游艺及娱乐场所使用的游乐设备、游艺器材和游艺娱乐用品，以及主要安装在室内游乐场所的电子游乐设备的制造	2462
		0853	其他娱乐用品制造	指其他未列明的娱乐用品制造	2469
	086		乐器制造及销售		
		0861	中乐器制造	指各种中乐器的制造活动	2421
		0862	西乐器制造	指各种西乐器的制造活动	2422

续表

代码			类别名称	说明	行业分类代码
大类	中类	小类			
		0863	电子乐器制造	指各种电子乐器的制造活动	2423
		0864	其他乐器及零件制造	指其他未列明的乐器、乐器零件及配套产品的制造	2429
		0865	乐器批发	指各种乐器的批发活动	5147
		0866	乐器零售	指各种乐器的零售活动	5247
09			文化消费终端生产		
	091		文具制造及销售		
		0911	文具制造	指办公、学习等使用的各种文具的制造	2411
		0912	文具用品批发	指文具用品的批发活动	5141
		0913	文具用品零售	指文具用品的零售活动	5241
	092		笔墨制造		
		0921	笔的制造	指用于学习、办公或绘画等用途的各种笔制品的制造	2412
		0922	墨水、墨汁制造	指各种墨水、墨汁及墨汁类似品的制造活动	2414
	093		玩具制造		
		0930	玩具制造	指以儿童为主要使用者，用于玩耍、智力开发等娱乐器具的制造	2451-2456 2459
	094		节庆用品制造		
		0940	焰火、鞭炮产品制造	指节日、庆典用焰火及民用烟花、鞭炮等产品的制造	2672
	095		信息服务终端制造及销售		
		0951	电视机制造	指非专业用电视机制造。包括彩色、黑白电视机以及其他视频设备(移动电视机和其他未列明视频设备)的制造	3951
		0952	音响设备制造	指非专业用音箱、耳机、组合音响、功放、无线电收音机、收录音机等音响设备的制造	3952
		0953	可穿戴智能文化设备制造	指由用户穿戴和控制，并且自然、持续地运行和交互的个人移动计算文化设备产品的制造。该小类包含在可穿戴智能设备制造行业小类中	3961*
		0954	其他智能文化消费设备制造	指虚拟现实设备制造活动。该小类包含在其他智能消费设备制造行业小类中	3969*

续表

代码			类别名称	说明	行业分类代码
大类	中类	小类			
		0955	家用视听设备批发	指家用视听设备批发活动	5137
		0956	家用视听设备零售	指专门经营电视、音响设备、摄录像设备等的店铺零售活动。	5271
		0957	其他文化用品批发	包括玩具批发服务以及玩具、游艺及娱乐用品、照相器材和其他文化娱乐用品批发和进出口	5149
		0958	其他文化用品零售	指专门经营游艺用品及其他未列明文化用品的店铺零售活动	5249

注：行业分类代码后标有“*”的表示该行业类别仅有部分内容属于文化及相关产业。

表 2　带“*”行业分类文化生产活动内容的说明

序号	国民经济行业分类及代码	文化及相关产业类别名称及小类代码	文化生产活动的内容
1	应用软件开发(6513*)	多媒体、游戏动漫和数字出版软件开发(0243)	包括应用软件开发中的多媒体软件、游戏动漫软件、数字出版软件开发活动
2	其他电信服务(6319*)	增值电信文化服务(0244)	仅指固定网增值电信、移动网增值电信、其他增值电信中的文化服务，包括手机报、个性化铃声等业务服务
3	其他数字内容服务(6579*)	其他文化数字内容服务(0245)	仅指文化宣传领域数字内容服务
4	工程设计活动(7484*)	建筑设计服务(0321)	仅包括房屋建筑工程，体育、休闲娱乐工程，室内装饰和风景园林工程专项设计服务
5	互联网生活服务平台(6432*)	互联网文化娱乐平台(0450)	仅包括互联网演出购票平台、娱乐应用服务平台、音视频服务平台、读书平台、艺术品鉴定拍卖平台和文化艺术平台
6	投资与资产管理(7212*)	文化投资与资产管理(0510)	指政府主管部门转变职能后，成立的国有文化资产管理机构和文化行业管理机构的活动；文化投资活动，不包括资本市场的投资
7	企业总部管理(7211*)	文化企业总部管理(0521)	指不具体从事对外经营业务，只负责文化企业的重大决策、资产管理，协调管理下属各机构和内部日常工作的文化企业总部的活动，其对外经营业务由下属的独立核算单位或单独核算单位承担，还包括派出机构的活动(如办事处等)
8	园区管理服务(7221*)	文化产业园区管理(0522)	仅指非政府部门的文化产业园区管理服务
9	机制纸及纸板制造(2221*)	文化用机制纸及纸板制造(0711)	包括未涂布印刷书写用纸制造、涂布类印刷用纸制造、感应纸及纸板制造
10	知识产权服务(7520*)	版权和文化软件服务(0730)	版权服务包括版权代理服务，版权鉴定服务，版权咨询服务，著作权登记服务，著作权使用报酬收转服务，版权交易、版权贸易服务和其他版权服务。文化软件服务指与文化有关的软件服务，包括软件代理、软件著作权登记、软件鉴定等服务

续表

序号	国民经济行业分类及代码	文化及相关产业类别名称及小类代码	文化生产活动的内容
11	婚姻服务(8070*)	婚庆典礼服务(0754)	指婚庆礼仪服务。包括婚礼策划、组织服务，婚礼租车服务，婚礼用品出租服务，婚礼摄像服务和其他婚姻服务
12	贸易代理(5181*)	文化贸易代理服务(0755)	包括文化用品、图书、音像、文化用家用电器和广播电视器材等国际国内贸易代理服务
13	专业性团体(9521*)	学术理论社会(文化)团体(0772)	学术理论社会团体包括党的理论研究、史学研究、思想工作研究、社会人文科学研究等团体的服务。文化团体包括新闻、图书、报刊、音像、版权、广播、电视、电影、演员、作家、文学艺术、美术家、摄影家、文物、博物馆、图书馆、文化馆、游乐园、公园、文艺理论研究、民族文化等团体的服务
14	其他未列明教育(8399*)	文化艺术辅导(0774)	包括美术、舞蹈、音乐、书法和武术等辅导服务
15	智能无人飞行器制造(3963*)	娱乐用智能无人飞行器制造(0832)	指按照国家有关安全规定标准，经允许生产并主要用于娱乐的智能无人飞行器的制造
16	电气设备批发(5175*)	舞台照明设备批发(0842)	包括各类舞台照明设备的批发
17	可穿戴智能设备制造(3961*)	可穿戴智能文化设备制造(0953)	指由用户穿戴和控制，并且自然、持续地运行和交互的个人移动计算文化设备产品的制造
18	其他智能消费设备制造(3969*)	其他智能文化消费设备制造(0954)	仅指虚拟现实设备制造活动